新・保育内容シリーズ ⑥

谷田貝公昭［監修］

造形表現

おかもとみわこ・大沢 裕［編著］

監修者のことば

　平成16年に「保育内容シリーズ」(全6巻)が一藝社より出版され、お陰さまにて保育者養成を担う多くの大学、短期大学、専門学校等でテキストとして使用され好評を得た。しかしその後、保育関係の法規や制度等の大きな変更があり、新たなシリーズを刊行すべく多くの読者からの要望もあり、このたび、新制度に対応した新・保育内容シリーズ全6巻を刊行することとした。

　「保育内容とは何か」。現場の保育者たちはこの問題について改めて深く考えることもなく、保育雑誌等に掲載される記事などを参考にする程度で事足れりとしているのが現状のようである。そこで改めて保育内容の定義をするならば、「保育の目標を達成するために、文化の中から保育の教材として適しているものを選択・抜粋したもの」といえよう。

　今日、都市化、国際化、高度情報化、核家族化、少子高齢化、そして、女性の就労の増加や地域社会の環境の変化が進み、保育のニーズが多様化してきた。そうした背景の中で、幼稚園教育要領と保育所保育指針が平成20年3月に改定された。保育所保育指針は、昭和40年に当時の厚生省が、保育所の保育の向上と充実を図るためにガイドラインとして作成したもので法的拘束力はなかったが、今回の改定(平成21年4月施行)で、幼稚園教育要領と同様に大臣の「告示」となった。

　保育の内容は、幼稚園教育要領が平成元年に改正されたものと同じく5領域である。すなわち、「内容は、ねらいを達成するために指導する事項である」とし、幼児の発達の側面から、心身の健康に関する領域「健康」、人とのかかわりに関する領域「人間関係」、身近な環境とのかかわりに関する領域「環境」、言葉の獲得に関する領域「言葉」、感性と

表現に関する領域「表現」の5領域にまとめて、在園中に長期的な視野に立ってそのすべてのねらいと内容を総合的に達成することが期待されている。

　本シリーズは、現行の領域区分にのっとって、「健康」「人間関係」「環境」「言葉」および「表現」は「音楽表現」と「造形表現」とに分け、全6巻とした。また、各巻とも半期15回の授業を想定し、15章構成とした。

　執筆者は、これまで保育あるいはその近接領域の理論研究と実践活動に対して長年にわたり携わってきた斯界を代表するあるいは将来それぞれの分野を担う同学の士ばかりである。共同執筆にとって避けがたい欠陥として、論旨の統一や内容、表現の調整に不徹底のそしりは免れない。多方面からの厳正なご批判、ご叱正を賜れば幸甚である。

　本シリーズが、保育者を志す学生諸子と保育現場の保育者のために、その研修と教養の一助となれば、執筆者一同このうえない幸せとするところである。

　最後に、出版事情のよくない今日、本シリーズの趣旨を理解され、当初より全面的に協力推進していただいた一藝社の菊池公男社長と、編集の労を取ってくれた藤井千津子さんはじめ編集部の皆さんに、執筆者全員を代表してその労苦に深甚の謝意を表したい。

　平成22年3月6日　啓蟄の日に

谷田貝　公昭

まえがき

　平成20年に、幼稚園教育要領および保育所保育指針が改定された。ほぼ10年ぶりに両者が同時期に改定され、特に、保育所保育指針の内容が大幅に変わったことは画期的なことである。以前は、年齢に応じた領域別の内容が詳細に設定されていたが、改定後の保育所保育指針は、年齢別の内容を設定しないことにより、ねらい、内容などが著しく幼稚園教育要領に近づいた。

　感性と表現に関する領域「表現」は、幼稚園教育要領で述べられているように、「感じたことや考えたことを自分なりに表現することを通して、豊かな感性や表現する力を養い、創造性を豊かにする」ことを目指す領域である。そのねらいとして、「いろいろなものの美しさなどに対する豊かな感性をもつ」「感じたことや考えたことを自分なりに表現して楽しむ」「生活の中でイメージを豊かにし、様々な表現を楽しむ」の3つが挙げられている。

　生活の中で大人にとっては何でもないことを、子どもは目をキラキラ輝かせて、美しいものを美しいと感じ、全身全霊をもって表現したいと思うのである。子どもの自由な発想を第一に考え、自由な表現、子どもが持つ無限に広がるイメージの表現に必要な手助けをし、さまざまな角度から支援し、表現意欲を引き出せることができれば、それは子どもにとって最高の喜びとなる。

　保育者は子どもと共に成長すべきであり、健全な心身を持つことによって、子どもに対して正しい行動ができ、最適な言葉掛けをしたり、見守ったりすることができる。そして子どもの感性を大切にするためには、保育者が自らの感性をより高く磨き上げることが極めて重要である。

以上のことを踏まえ、保育者養成機関のテキストとして使いやすいように、本書は15章構成とした。まず第1章では、保育の基本原理と領域「表現」の関係を解説し、第2章では、そもそも表現活動とはどのようなものか、その根本を記述した。第3章は、発達段階を「子どもの絵」の視点から解説し、第4章では、表現活動の根幹となる子どもの想像力を取り上げた。第5章は領域「表現」の指導計画の作成について説明した。第6章では、造形表現活動を高めるための保育環境について明らかにし、第7章では、造形表現にかかわる年間行事のあり方について述べた。続く第8章では、子どもの触覚に関連した表現活動について取り上げた。第9章・第10章では、教材について、自然環境の側面と、保育者が用意する保育環境の側面からそれぞれ解説した。第11章は、子どもの表現遊び、特に泥遊びとごっこ遊びに焦点を当てた。第12章は、幼児教育の中でも特色のあるシュタイナー教育、モンテッソーリ教育の造形表現活動を紹介した。第13章は、保育者が心得なければならない、子どもの絵の見方について考察した。第14章では、障害のある子どもの表現について取り扱った。まとめの第15章は、造形表現活動を支援する保育者として、感性の豊かさの重要性を述べたものである。

　最後に、本書が保育現場の保育者や保育者を志す若い学生諸子のために、その研修と教養の一助となることができれば、筆者一同この上ない幸せとするところである。

平成22年3月

編著者

もくじ

監修者のことば……2
まえがき……4

第1章 保育の基本と領域「表現」……9
第1節　保育の基本原理と造形表現
第2節　幼稚園教育要領「表現」
第3節　保育所保育指針のねらい・内容

第2章 表現とは……25
第1節　「表現」とは何か
第2節　「表現活動」とは何か
第3節　"expression"と"impression"
第4節　「自己中心的言語」と「私的言語」

第3章 子どもの絵の発達段階……39
第1節　子どもの発達段階
第2節　「基底線」の意味するもの
第3節　子どもの絵と心の発達

第4章 子どもの想像力……55
第1節　想像力
第2節　子どもの宇宙観

第5章 指導計画の作成……69
第1節　指導計画の重要性

第2節　環境の構成
第3節　園生活と行事

第6章　造形表現と保育環境 …… 81

第1節　保育者としての役割
第2節　保育者としての感性
第3節　制作時環境

第7章　年間行事における幼児の表現活動 …… 93

第1節　年中行事と年間行事とは
第2節　行事における子どもの表現活動

第8章　触覚を通しての表現活動 …… 109

第1節　環境の変化と表現活動の広がり
第2節　幼児期の五感の発達
第3節　触覚表現としての「泥だんご」
第4節　発想を楽しむフィンガーペインティング

第9章　自然環境にかかわる造形表現 …… 123

第1節　センス・オブ・ワンダー
第2節　自然を遊ぶ
第3節　自然で遊ぶ
第4節　自然に遊ぶ

第10章　保育環境にかかわる手作り教材 …… 139

第1節　教材とは
第2節　「手作り」の意味について
第3節　さまざまな手作り教材

第11章 子どもの遊びと表現 …… 155

- 第1節 遊びの中から学ぶこと
- 第2節 創造性を育てるために
- 第3節 泥遊びの中での発見
- 第4節 ごっこ遊びのコミュニケーションの発達

第12章 表現活動の指導法 …… 169

- 第1節 シュタイナー教育と表現活動
- 第2節 モンテッソーリ教育と表現活動

第13章 子どもの絵の見方と評価 …… 183

- 第1節 「評価」を支える「見方」
- 第2節 領域「表現」の概要
- 第3節 保育実践の場における感覚
- 第4節 対話により評価を深める

第14章 障害のある子どもの表現 …… 199

- 第1節 発達障害の理解
- 第2節 発達障害児への対応
- 第3節 障害のある子どもにとっての表現活動

第15章 感性豊かな保育者育成のために …… 215

- 第1節 感性について
- 第2節 感性をはぐくむ「自然体験」
- 第3節 保育者の感性をはぐくむために

第 1 章

保育の基本と領域「表現」

大沢 裕

この章では保育の基本原理と、領域「表現」の内容について言及する。まずそのために、乳幼児期の保育の特徴を明らかにし、次に幼稚園教育要領の「ねらい」「内容」「内容の取扱い」について、さらに保育所保育指針の「ねらい」「内容」について説明する。幼稚園教育要領と保育所保育指針は多くが重なるので、幼稚園要領をまず解説し、その後、保育所保育指針の独自性について簡潔に述べていくことにしたい。

第 *1* 節　保育の基本原理と造形表現

1　保育の基本原理としての遊び

　幼稚園の場合も保育所の場合も、各施設には固有の特色があり、地域性も関係し、そのあり方はさまざまである。しかし基本的に変わらない部分がある。それが保育の基本原理である。小学校以上の教育現場では、学ぶ場所が定められ、時間割が決められる。子どもはそのカリキュラムを学びながら、将来の自分のための基礎・基本を培っていくのである。もちろん保育所や幼稚園も、子どもが何かあるものを学ぶ場所であることに変わりはない。双方とも広い意味での「学習」の場なのである。しかし、保育所や幼稚園には授業といった形態はない。通常、教卓や教壇はなく、多くの場合、自分だけに割り当てられた机やいすもない。それは主として保育が「遊び」を中心とした営みであり、この遊びを通して子どもはさまざまなことを学んでいくからである。しかし、なぜ遊びなのだろうか。

　遊びは乳幼児期の子どもたちが行う主たる活動であって、多くの場合、遊びの動機は遊ぶこと自身の楽しみのうちある。遊びが楽しくなくなれば、遊びという活動は中断する。また中断しても許される活動なのである。遊びが継続するかどうかは、遊び手の自己決断にある。何に関心を

持つか、何に興味をひかれるか、それは遊び手である子どもが自分で決めることである。この意味で、遊びの極めて原初的形態は、遊びたいとする衝動に基づく。この衝動が基礎となって、子どもの意欲、心情、態度はますます充実したものになる。

　もちろん、遊びの種類は極めて豊富であって、一人遊びや集団遊び、またいろいろな領域にまたがるさまざまな遊びが展開される。通常遊びは、遊び手である子ども自身の何かある一つの力だけを使うのではなく、遊びが楽しければ楽しいほど、子どもはすべての力をその遊びの中に注ぎ込む。遊びは子どもにとって、すべての力を注ぎ込む全我活動である。そしてこの総力を結集する活動が個々の子どもの力を伸ばし、またやがては強い意志を作る原動力ともなるのである。

2　遊びの発展段階と造形表現活動

　遊びにも発展の段階がある。一人遊び、平行遊び、共同遊び、目的設定遊びなどのような段階である。子ども同士の人間関係を基に考えていくとき、この段階は非常に重要である。最初子どもは、長期的な目的に向かって邁進することは難しい。今ここにある楽しみが子どもを動かす原動力であり、後から実現する目的のために今の楽しみを我慢することは、発達初期の子どもには難しいからである。

　しかし子どもの遠い将来を考えたとき、子どもが自ら立てた目的を自らの力で実現していく過程は非常に重要である。学校教育の大半が目的活動であり、大人社会の人間の生き方も目的活動であるからである。人間の生活は目的を追求する中で展開する。したがって子どもが遊びの中で目的に向かっているときには、それは、子どもの未来のためのよき準備としてとらえられなければならない。

　保育の基本は急ぎすぎないことである。保育者が子どもの成長よりも上回る課題を与えるとき、子どもは戸惑い、自分自身のための活動であることが理解できなくなる。大人に従えさえすればそれでよいとする、

いわば受け身の生き方が中心となってしまう。したがって強制もまた、子どもの育ちを妨げる大きな元凶となる。強制は子どもたちの主体性を妨げ、自主性が育つことを阻んでしまう。もちろんたいへん危険な状況、不衛生な場面、子どもにとって不利益であることが明らかな場面であれば、保育者は子どもの前に立ちはだかり、あるときには子どもの活動を阻止することも必要になってくる。しかし多くの場合、例えば子ども同士のトラブルやケンカの場面では、子どものその後の成長を見据えたうえで、注意深く見守る態度もときには必要である。

　ところが、見守ることと放任を同一視してしまう人々も、世の中にはいる。見守ることと放任は決して同じではない。子どもの遊びは、保育者などの注意深い配慮がなければ、途中で中断してしまったり、子どもが意欲を失ったり、その活動自身を嫌うようになってしまうことさえある。子どもの遊びを十分に展開させるためにも、保育者の用意周到な目配り、フォローは重要である。

　特に造形表現活動にあっては、子どもたち自身の衝動に任せすぎると、逆に子どもの自己成長を抑制する結果になってしまうことがある。子どもは自分の技量が進歩した、それが作品に現れたと思うと、それに満足し、達成感を味わい、また作品を作ってみたいとの意欲につながっていく。たとえ大人から見ればつたないものであったとしても、子どもが成し遂げた成果の中の良い点、工夫した点を見つけ、受け入れ、励ましていく姿勢が何よりも望まれる。

　そして保育の基本として配慮しなければならないのは、子どもたちがいかに造形表現に対して意欲的に、積極的な態度で臨むように努力するか、ということである。またきれいなもの、不思議なもの対して気持ちをときめかせる心情を持つように、保育者が子どもの周囲の環境をいかにきめ細やかに設定していくか、ということが重要である。絵を描きたいときに紙やクレヨンがなければ、子どもの意欲はなえ、他の刺激のある対象へと興味を移していくであろう。子どもの周囲に、いつでも造形

表現のための素材・道具が用意されていること、しかも子どもが絵を描き、作品を制作しているときには、その過程により、必要があれば的確なアドバイスをすること、そして出来上がった作品を、子どもの生き方の表現として積極的に受け止め励ますこと、こうした物的環境・人的環境が整っていることが肝要である。

第2節 幼稚園教育要領「表現」

1 ねらい

　幼稚園教育は、文部科学省が示す幼稚園教育要領によって枠組みが定められている。幼稚園教育要領が示す各領域の「ねらい」は、幼稚園修了までに育つことが期待される生きる力の基礎となる心情、意欲、態度である。幼稚園教育要領が定める領域「表現」のねらいは3つある。

(1) いろいろなものの美しさなどに対する豊かな感性をもつ。
　子どもは、びっくりするもの、不思議だなと思えるもの、きれいだなと感ずるものに出会ったとき、心はときめき、揺れ動く。大人が何でもないと思えることでも、子どもにとって関心をひくことは多い。それは、子どもの心が単純・無邪気であり、子どもにとって周囲の世界が目新しいものとして映るからである。純粋な感性は無限に伸びる可能性を秘めている。保育者は、心の動きに注目し、子どもの「心情」を成長させるよう配慮しなければならない。

(2) 感じたことや考えたことを自分なりに表現して楽しむ。
　自分で強く感じたこと、考えたことは、誰でも表現してみたくなる。それは人間本性の一つの現れである。保育者は、子どもが環境とかかわ

り合ううちに持ついろいろな気持ちを進んで周りの者たちに伝達し、自分の力で表現してみたいとする「意欲」が持てるよう援助していかなければならない。それはねらいであると同時に、造形表現の出発点でもある。

(3) 生活の中でイメージを豊かにし、様々な表現を楽しむ。

子どもは、身の回りの環境の中にあって、他の子どもや保育者と共に過ごすことで、さまざまな体験をする。中でも造形にかかわる体験は、子どもの中に段々とイメージを蓄積していく役割を果たす。子どもが関心のある作品に出会ったとき、自分もそれをまねて表現してみたいと思うようになる。それは造形への自発的な「態度」である。保育者は、さまざまな環境を用意しながら、子どもの造形表現への姿勢を積極的に支援する必要がある。

2 内容

このような「ねらい」を達成するために、保育者が指導する事項は、幼稚園教育要領では「内容」と呼ばれる。領域「表現」の「内容」は8つある。

(1) 生活の中で様々な音、色、形、手触り、動きなどに気付いたり、感じたりするなどして楽しむ。

子どもの周囲にある環境には、子どもに強い印象を与えるさまざまな刺激がある。それは子どもの五感に働きかける。子どもは自然の風景に注目する。また動物の色や形に関心を持ったり、日常生活のいろいろな道具に興味を持ったりする。これらの刺激を受けるのは子ども一人ひとりである。

日々の生活の中で五感による刺激を豊富に受ける体験をするうちに、その刺激の発信源である対象の性質、不思議さやおもしろさに、ますます子どもたちはひかれていく。そしてこれは、生活の中で守られている

という安心感があるからこそ可能な体験なのである。不安な状況の中での非日常的な刺激は、逆に子どもに怖さ、恐れを引き起こすことになるであろう。

　保育者は、子どもが五感をさまざまに使い、多様な刺激を受け、興味・関心を深めるためにも、まずは子どもが安心できる状況を用意することが必要である。こうしたことにおいてもまた、保育者が子どもの目線に立って共感していく姿勢が大事である。

(2) 生活の中で美しいものや心を動かす出来事に触れ、イメージを豊かにする。

　子どもの生活は常に環境と共にある。そしてこの環境の中にあって、子どもはさまざまな体験を積み重ねていく。バラバラの体験ではなく、同じ種類の体験の積み重ね、あるいは子どもに強く印象を残す体験は、動的なイメージとして子どもの心の中に蓄えられていく。大人であっても、描きたくない絵を描きなさいと言われたら、苦痛が伴うだけである。しかし描きたいと思ったイメージを持てば、それは描くことの大きな原動力となる。子どもの場合もまたそうである。生きた体験と結びついたイメージが心に刻まれることで、子どもは感性を鋭くし、また豊かな表現力を身につけていくことができる。子どもが環境とかかわる中で得た心の動きは、次の体験でも生かされ、それはさまざまな表現となって現れていく。

　子どもの中で蓄えられたイメージが、子どもの表現活動となって現れるように、保育者は子どもに寄り添っていかなければならない。

(3) 様々な出来事の中で、感動したことを伝え合う楽しさを味わう。

　子どもたちの日々の生活、遊びは新しい発見の連続である。子どもは未知の発見をすると、それを保育者や子どもたちに喜んで伝えようとする。それは人間の本性に基づく活動であるように見える。人間には、新

しいものを発見したら、それをぜひ他の人間と共有したいとする衝動がある。もし新奇なことが他者に伝われば、子どもの喜びもまたいっそう深いものになるであろう。発見を共有する体験、それを繰り返すことで、子どもはますます他者に対して自分の心を開いていくことであろう。

　このような機会を作り出すためも、保育者は、子どもが発見し見つけてきたことを表現する場所・時間を作り、率直に自分の感じたことを表現する場面設定をすることが重要である。この表現とは、言葉によるものだけではない。実物を持ってきたり、それを組み合わせて構成して示したりしてももちろんよいのである。子どもが互いを認め合う機会は非常に重要である。ときには保育者自身が発見したことを、子どもたちの前で素材を使って表現してもよい。伝え合う楽しさは、造形表現につながっていくものである。

(4) 感じたこと、考えたことなどを音や動きなどで表現したり、自由にかいたり、つくったりなどする。

　人は楽しいことがあると、歌を歌ったり、身体を動かしたり、手をたたいたりして喜ぶ。そうした傾向は子どもたちの場合にも同様である。子どもたちは形式にこだわらず、子どもなりのやり方で喜びを表現しようとする。しかしこうした喜びの表現は、他者によって受け止められなければ、徐々に弱まっていく。保育者や他の子どもがその表現を受け止めることが重要である。こうした受け止めによって、子どもはますます表現の仕方を多様化していく。

　子どもの表現様式は、初めは素朴で未分化なものであるが、それから徐々に分化し、特定のやり方で表現することができるようになる。それは絵画、制作、音楽であったりする。絵画、制作、音楽といったやり方で子どもたちが表現しようとする場合、子どもの発想の自由さを大事にし、形式にこだわらず、何よりも子どもが「楽しい」と思えるような雰囲気を設定することが重要である。それには子どもたちの発想の豊かさ

に共感すること、子どもの工夫が見られたならば、それを十分に認めることが大切である。絵画や制作の場合、子どもが興味・関心を持ったことが明らかになったならば、子どものイメージを表現に写せるようにクレヨンや紙を用意したり、ハサミ、また粘土を用意したりといったように、環境を構成していく必要がある。

(5) いろいろな素材に親しみ、工夫して遊ぶ。

　子どもの周囲には表現するためのいろいろな素材があふれている。木ぎれの感触を味わったり、それを重ねてみたり、あるいは並べてみたりとさまざまに扱いながら、子どもたちは遊ぶ。素朴なそうした活動から、今度はそれを自分の表現の材料として活用し、工夫することもできるようになる。小石などの自然物をいろいろに配置してみたり、集めてみたり、廃品を素材としてごっこ遊びに活用したりする。そして単純に一つの素材だけでなく、いろいろな種類の素材を組み合わせ、遊びの中に取り込もうとする。子どもは遊びの中で素材の性質や特徴を知って、活用を始めるのである。

　保育者は、子どもの安全に十分に注意しながら、そうした素材を使って子どもが表現活動できるように環境構成をしていく必要がある。その場合、ある程度、子どもが素材や用具を選択できる余地を残しておくことが重要である。また子どもたちが四季の移り変わりを体験できるよう、季節に合った素材を用意しておくことが大切である。子どもは芸術家ではないのだから、すぐに完成した作品を作り上げることはできない。むしろ子どもたちが楽しみながら描き、制作する中で、素材の性質や特徴を知っていく過程が大事である。完成を急がず、子どもの楽しみが長続きするように、子どもの表現活動を受け止め、励ますことが重要である。

(6) 音楽に親しみ、歌を歌ったり、簡単なリズム楽器を使ったりなどする楽しさを味わう。

　子どもの身の回りには音楽があふれている。単純にいろいろな音楽を受動的に受け取るだけでなく、積極的に音楽表現に参加する環境構成が重要である。子どもの活動の受動的側面と比べて、積極的で主体的な姿勢がいっそう重要なのは、造形表現と同様である。

(7) かいたり、つくったりすることを楽しみ、遊びに使ったり、飾ったりなどする。

　子どもには描いたり、作ったりする衝動がある。それはすでに1、2歳の子どもでもクレヨンでなぐり描きをして楽しんでいる様子から理解できる。年齢が増すに従って、子どもは自分の衝動に任せるのではなく、自分自身の中にあるイメージを表出するために、絵を描いたり制作をしたりする。子どもは単に作品を作るだけでなく、それをほかの子どもに見せ、話をしたり、それを使って遊んだりする。そうした一連の活動を通じて、子どもの中にあるイメージはますます膨らみを見せ始める。友達がいることで、子どものイメージは一人では起こりえなかったような豊かさを持つようになる。

　子どもが造形活動を集団で同時に行った場合、個々の子どもの作品にじっくり目を向けながら、それらを子どもの心の表れとしてとらえていく必要がある。

　その際重要なのは、子どもが描いたり、作ったりしたものを、大人の尺度で評価するのではなく、まず子どもの表現活動の成果を十分に認め、発想や工夫を前向きに受け入れることから出発しなければならない。造形活動が一過性なものとならず、永続的なものとなるように、作品を飾ったり保育室の環境の一部としたりする工夫が、保育者には必要である。

（8）自分のイメージを動きや言葉などで表現したり、演じて遊んだりするなどの楽しさを味わう。

　子どもは自分が興味を持った場面に出くわし、そうした出来事に遭遇すると、それを再現してみようとする。買い物ごっこ、電車ごっこや、家庭を模したままごとなどの「ごっこ遊び」はその典型である。子どもなりにとらえたイメージの再現であるから、実際に起こったことにどれだけ忠実であったかは問題にはならない。再現の過程、その楽しみが、子どもにとっては成長の原動力となるのである。

　年齢が高くなれば、ごっこ遊びは劇遊びに発展していく可能性がある。劇遊びは総合的な表現活動であり、音楽や絵画、制作活動などとも関連していく。子ども自身が描き、作ったものを道具や舞台背景にして劇遊びが展開すれば、子どもの遊びもいっそう深まったものになるだろう。これも、いかに緻密か、正確かが問題ではない。表現活動を子どもの内面の表出ととらえることが大切である。そして何よりも、子どもがもっと遊びたい、もっと表現したいという意欲が高まることが重要なのである。これには保育者や他の子どもたちの理解、激励が必要である。人間同士の「共感」とともに、表現活動はいっそう深まっていくのである。

3　内容の取扱い

　幼稚園教育要領では、保育者が配慮すべき事柄として、3つが挙げられている。

　第1は、豊かな感性とは、子どもにとって身近な環境とのかかわりの中で「美しいもの」「優れたもの」「心を動かす出来事」に出会い、そこで心から感動することによりはぐくまれるものであること、そしてそうした感動は保育者や他の子どもと共に味わわれるべきものであり、その感動はさまざまな表現を通じて養われる、ということを明らかにした点である。

　第2は、子どもの自己表現のあり方に注目し、子どもの自己表現は大

人が期待するものとは必ずしも同じではない可能性があり、子どもの素朴な表現様式を認め、特に表現しようとする子どもの意欲を保育者は大事にしなければならない、ということである。子どもは自らの表現を保育者が受け止めてくれることにより、なおいっそう自己表現への態度を確固たるものとしていくのである。

第3は、子どもの生活経験や発達はさまざまであるから、固定した達成度にこだわらず、子ども自身がいろいろな表現に親しめるように、遊具、用具、道具を整備することである。またほかの子どもが表現したものにも接し、刺激を受けることができるように配慮して、何よりも結果ではなく、子どもが自己を表現していく過程に十分に目を向けていかなければならない。

ちなみにこの第3点目は、今回の幼稚園教育要領の改訂で新たに付け加えられた部分である。

第3節　保育所保育指針のねらい・内容

1　特徴

保育所保育指針最新の改定が、幼稚園教育要領の改訂と同じ2008年になされたことは画期的であった。この最新の改定は、厚生労働省告示となることにより、明確に法的拘束力を持つものになった。

保育内容を把握するうえで重要なのは、今回の改定で、ねらい・内容が大幅に大綱化されたことである。改定以前の保育所保育指針では、5領域は3歳児から6歳児まで適用されるものだとし、3、4、5、6歳児それぞれの年齢に応じた領域別の内容が詳細に設定されていた。例えば3歳児の表現という領域だけで内容が5つ設定されていた。4歳児は6つ、5歳児も6つ、6歳児は8つというぐあいである。最新の改定では年齢

別の内容を設定しないことにより、ねらい・内容の体裁が、著しく幼稚園教育要領に近づいた。

　保育所保育指針が大綱化されたということは、それぞれの保育所の特色が出せるように、幅広い余地を残したということである。措置制度を基盤にしていた保育所が、新たに利用者から自由に選ばれる施設に変貌していく流れの中で、この変更は必然的なものだったと考えることができる。特に保育内容に着目して言えば、年齢ごとの詳細な内容の撤廃は意味が大きい。恐らく今回の内容の改定は、年齢を目安にした達成度にこだわる保育の弊害をなくすには有効となるであろう。しかし大綱化されたということは、個人としてであれ、組織の中の一人としてであれ、保育者の自発的で積極的な創意工夫が不可欠なものになったということを意味する。とりわけ保育の計画（保育課程と指導計画）が、今後ますます重要なものとなるであろうことは疑いない。

2　保育の内容

　新保育所保育指針に記載されている保育の「ねらい」は、新幼稚園教育要領と全く同様である。しかし「内容」の方は、幼稚園教育要領が8項目であるのに対し、10項目に増えている。ちなみに保育所の場合、「内容」とは「ねらい」を達成するために、子どもの生活やその状況に応じて保育士らが適切に行う事項と、保育士らが援助して子どもが環境にかかわって経験する事項を示したものである。

　保育所保育指針の「内容」で特徴的なのは、以下に述べる（1）と（2）の2項目が追加されていることである。

（1）水、砂、土、紙、粘土など様々な素材に触れて楽しむ。

　子どもを取り巻く環境として、周囲には子どもが触れるさまざまな素材があふれている。子どもは水の流れに目をやり、その温度を感じる。また砂がさらさらと落ちていく様子、あるいは湿って固まったりする姿

に着目する。また子どもは土が硬くなったり、柔らかくなったり、ときには泥のようにぬるぬるしたりする感触を楽しむ。室内にあっては紙を折ってみたり、あるいはちぎってみたり、丸めてみたり、その変貌する姿に驚きを隠せなかったりする。あるいは保育者が用意してくれた粘土を指で押して変形させたり、丸めたり、分けたりする。子どもは手先だけでなく、全身を使ってその感触を味わい、感覚を鋭くさせていく。これは、子どもの感性がはぐくまれているということである。

　大人ならさほどでもないような事実に対して、子どもは無邪気にその気持ちを全身で表現する。また時間がたち、素材の特徴・性質がわかるようになると、その特徴や性質を生かすような工夫をする。あるときには、その工夫のために道具を使ったりする。例えば、砂場で大きな作品を作ろうとするとき、スコップを使ったり、バケツを利用したり、あるときには砂を固めるために水分を加えようとホースを使うこともある。それは1人だけの遊びだとは限らない。何人もの友達と協力して一つの作品にしようとすることもある。協力し合いながら、自分たちの心に抱いていたものが出来上がったという気持ち、友達と一緒であるからこそできる作品の大きさへの感動、そうした心の高揚は、子どもが成長するうえでまたとない糧となる。

　保育に携わる者は、こうした多様な素材に子どもが触れられるように配慮しなければならない。また、ただ見守るだけではなく、ときには子どもと共に素材にかかわることによって、子どもの中にどのような感性がはぐくまれているのかを確かめる必要がある。また保育者として上から目線で傍観するのではなく、子どもと共に共感していく姿勢が望まれる。

(2) 保育士等と一緒に歌ったり、手遊びをしたり、リズムに合わせて体を動かしたりして遊ぶ。

　子どもは周囲にある素材に触れて親しむばかりではなく、保育者と一

緒に歌を歌ったり、リズムに合わせたり、手遊びをしたりする。それは子どもにとってかけがえのない楽しみである。この活動はどちらかといえば、造形表現というよりも、むしろ音楽表現と言ってよいものだけれども、造形表現と必ずしも無関係なものではない。子どもはときには歌いながら絵を描いたり、リズムに合わせて身体を動かしながら粘土をこねたりする。子どもにとっては、造形表現と音楽表現は密接な関係にある。子どもにとって印象深いものであればあるほど、それを表現してみたいとする意欲がわいてくる。それは音を手段とする場合もあれば、物的素材を手段とする場合もあり、双方が絡み合う場合もあるのである。

　以上のような2つの項目が付け加わって、保育所保育指針における領域「表現」の内容が構成されている。しかしこの2つも、より低年齢の子どもから受け入れる保育所の特質を想定して付け加わっていると考えることもできるわけで、基本的には、幼稚園教育要領の内容と保育所保育指針の内容は同一の中身を持っているといえよう。

【引用・参考文献】

Eduard Spranger, *Lebensformen,* Tübingen, Max Niemeyer, 1966.
Andreas Neider, *Lernen durch Kunst, Wider den Nützlichkeitszwang in der Pädagogik im Kindergarten- und Schulalter,* Stuttgart, Urachhaus, 2005.
宮坂元裕『「造形教育」という考え方』日本文教出版、2006年
民秋言編『幼稚園教育要領・保育所保育指針の成立と変遷』萌文書林、2008年
文部科学省編『幼稚園教育要領解説』フレーベル館、2008年
厚生労働省編『保育所保育指針解説書』フレーベル館、2008年

第2章 表現とは

渡邊 晃一

「表現」という言葉を聞いて、一般に保育者の多くは「美術、音楽、ダンス、文学、劇」など、芸術作品を制作するたぐいの活動を思い浮かべるかもしれない。具体的には「絵画を描いたり、粘土で造形すること＝絵画・造形制作」「歌ったり、楽器を弾いたり、リズムをとること＝音楽リズム」「作文を書いたり、劇を演じること＝言語、身体表現」などが挙げられよう。それらの「表現」領域は専門性を有するものではと、指導方法に不安を抱いている者も多いのではないか。しかしながら幼児は、絵を描きながら歌っていたり、いろいろなお話をしたりしている。絵筆の動きそのものに興味を持つ子もいるであろう。そのような幼児の「表現」を支える本質的な意味について、この章では解説していきたい。

第 1 節　「表現」とは何か

1　「表現」の意味

　「表現」とは何か。簡潔に述べると、内にあるものを外に〈あらわす〉ことである。〈あらわす〉は「表す、現す、著す、顕す」もしくは「露す」であり、心や頭の中、まぶたの内側にあるものを、外に出した状態を示す。「表」は図表や表情などと用いられるように、複雑なものがわかりやすくなることであり、「現」は今まで目に見えなかったものが突然姿を見せるという意味である。

　幼児の「表現」は、さまざまな領域が複合的に関連していることは、2008年に改訂された幼稚園教育要領「表現」の冒頭に記載されている。「感じたことや考えたことを自分なりに表現することを通して、豊かな感性や表現する意欲を養い、創造性を豊かにする」。

　なお、「保育所保育指針」においても、従来の「造形」「音楽」が、1990年の改訂以降「表現」とされている。

保育所や幼稚園の新領域に「表現」が生まれた背景には、実はこれまでの「造形」や「絵画製作」という名称が、学校の教科（図画工作や美術）と混同されやすく、幼児にそぐわない実践がなされてきたという反省に立っている。作品や技術偏重の指導が、幼児期に適した「表現」から離れ、造形活動を狭い枠組みでとらえる傾向も生んできた。子ども一人ひとりの発達課題や実態に即した主体的な活動を総合的・複合的に指導することが「表現」には求められている。

　例えば「言葉」を流暢に話せなくても、身体を動かし、歌ったり、踊ったり、あるいは絵画を描いたり、ものを作ることの「幅」が豊富になることで、他者に伝わる「表現」の世界がある。最近の社会状況、環境の変化と重ねる中で、生活全体に対応した総合的活動の必要性から「表現」という言葉が提起されたことに、まず留意しておきたい。

2 「表現」と「表出」の違い

　「生命を持つものはすべて、誕生の瞬間から、自分のことを知らせるため、ある種の本能的な渇望とともに外界へ『表現』をしている」〔リード、2001、p132〕。

　ハーバート・リード（Read, H. E. 1893〜1968）は「子どもはみな0歳から『表現』をしている」と語っている。だが、そもそも「表現」とは何なのか。それと「表出」との違いから示していこう。

　一般に「表現」は「心中にあるものを言語・絵画・音楽・表情・行為など形のあるものに表すこと。また、その表れた形」〔山田・吉川、1981〕と記されている。一方、気分や感情、情緒など、基本的な欲求が、身体の外側に働く状態（もしくは現象）を「表現」ではなく「表出」(exhibition)と言い分ける場合がある。例えば何かうれしいことがあったとき、人間は頬を赤らめ、喜びの表情を浮かべたり、歓喜の声を上げる。このような直感的、情緒的、もしくは本能的、生理的な行為による〈あらわれ〉は、人間に限らず動物にも見られる。私たちは日ごろの暮らしにおいて、無

意識に限りなくこのような〈あらわれ〉を繰り返している。これに対して「表現」は、狭義に「自覚を伴った行動、主体的・自主的な活動」であり、伝達的な機能を含んでいる。一般に心理学では「赤ちゃんが泣くのは表出だが、役者が泣くのは表現」と区別される。

3 「泣く」ことに見る「表現」と「表出」

　人間は生まれながらにして「表現」を渇望する。ハーバート・リードは、このような自分のことを知らせる「表現」を「自由な表現」と呼んだ。幼児にとって最初、外界とは母親であり「泣き声」や動きを通じて意思を伝えようとする。さまざまな欲求を満足させるため、喜怒哀楽のような感情が強く関連してくる。空腹が長引くと泣き声によって、不快もしくは苦痛の表情を、より「表出」する。しかし成長すると人間は、それら「感情」と「気分」を区別するようになる。感情だけが直接的な欲求の満足を得るものでもないことに気づかされる一方で、「漠然とした不安の心情」が「自由な表現」をしたいという感情を呼ぶこともある。

　すると、この「表現」と「表出」の区別自体、実はなかなか難しいことがわかる。そのことを「泣く」という〈あらわれ〉から説明したい。

　人間の表出である「泣く」は、動物の「鳴く」と区別される。「泣く」はまた、同じ〈あらわれ〉でも、各々で異なった原因・背景を持っていよう。おなかがすいたり、痛いときに泣く。驚いたり、怖がったり、悔しくて泣く。悲しくて泣くこともあるだろうし、昔話を聞いて感傷的になったり、作品に感動して泣いたりすることもある。また劇中で役者が「泣く」ことは、劇を鑑賞している人たちに、作品の主人公の性格・気持ちを投影させる意図を持った「演技」であることもあり、俳優自身が役に入り込んで「泣く」こともある。

第2節 「表現活動」とは何か

1 「見ること」と「聞くこと」

　では、成長に伴って幼児はどのように「表現活動」の幅を広げていくのか。それを日常的な「道具」である「鏡」や「言葉」の〈あらわれ〉を通して説明したい。

　例えば「鏡」。幼児は鏡に映った姿を見て、最初は「自身」であると気づかず、他者であると錯覚する。このような錯覚は動物にも見られる。しかし動物と人間は、次の段階で異なった行動をとる。動物は、最初盛んに鏡へ立ち向かっていくが、「像」が自身の姿であると気づいた瞬間に興味を失う。一方、人間は「鏡像」というフォルム（ゲシュタルト）を理解し、髪をとかしたり、化粧をするようになる〔ラカン、1972〕。人間の「物の見方」は、鏡を通してこのように発達していく。

　幼児が鏡と向かい合ったときに生じる初期的な「ものの認識」や「表現」は、言葉を獲得する過程とも密接にかかわっている。例えば映画『奇跡の人』（ポール・アーロン監督、1979年）の中に感動的な場面がある。ケラー（Keller, H. A. 1880～1968）が井戸水に触れながら、泣き叫び、指文字で発した「W・A・T・E・R」。目で見ること、耳で聞くことのできないケラーが「言葉」という存在を獲得する瞬間である。

　ちなみに言語中枢は、脳内の視覚野と聴覚野の重なる部位にある（**図1**）。例えばMichelという名前は、英語圏でマイケル、仏語圏でミッシェル、イタリア語圏ではミカエルというように異なった音で発声される。日本では、マイケル、まいける、舞怪路と多彩な視覚像で結びつけられる。個人の発達段階や生まれ育った地域、文化背景によって、このように「見たもの」「聞いたもの」の結びつきは異なっている。

　幼児もまた、視覚＝「見たもの」と聴覚＝「聞いたもの」とを結びつ

図1◆言語の発生の構造

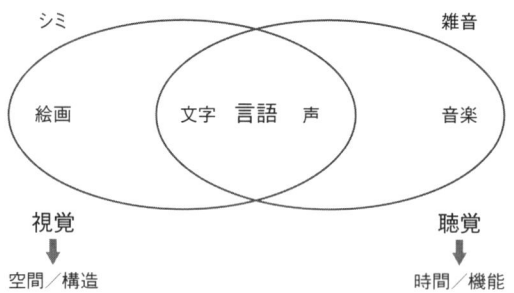

図2◆漢字（文字）の成り立ち

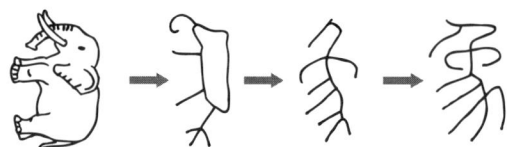

（出所：養老孟司『考える人』筑摩書房、1996年を基に作成）

ける「言葉」というものの存在に気がつく。後に紙面に記された文字により、「見ること」と「聞くこと」が関連づけられる。鏡のような「象徴的意味」を加えることで、耳で聞いた「音」は「言葉」に変化する。

　言語概念の象徴的な意味はまた、絵画の「表現」とも重ねられる。なぐりがきで「ぐるぐる」と描いていた輪が円となり、そこに「顔」などの意味が加えられるようになる（**図2**参照）。

2　「見えるもの」と「話すこと」

　一方、言葉は、すべての「見えるもの」を伝え、説明できるわけでもないことは重要であろう。電話で自身の肌の「色」を説明することが難しいように、写真や絵画などの「視覚像」は、語ることもできるが、語

られないものがある。身体で受け入れたもの（見たもの）と、人に伝達する部位（言葉＝口から耳へ、文字＝手から目へ）の感覚器官が異なっているという問題が、「表現」に豊かさ・多様性や幅を生み出した要因とも言われている。

3 「表現」と「芸術」

　五感の中でも「言葉」とかかわる視覚と聴覚は、味覚や嗅覚、触覚と比べて、他者と共有しやすい性質を持つ。視覚や聴覚は、tele-vision（テレビ）、tele-phone（電話）のように、遠隔地で交信可能な感覚器官である。taste（「触れる」が原義。味覚や嗜好性）のような近接的な感覚とは異なっている。今日、一般的に「芸術」という言葉で扱われている範疇の「美術、音楽、演劇、映画、文学、詩」は、視覚や聴覚という感覚を媒体に、他者と共有するものであり、しかも長らく保存、記録や所有が可能な物質を対象としていることが多い。そして今では視覚的・聴覚的な活動に重点を置いた「表現」が、「芸術」と同義語のように扱われている。

　このような視覚、聴覚にかかわる「表現」が「芸術」の諸活動と結びつけられる背景には、単に目に見えている「状態」ではなく、目や耳で感じ取った色、形、音、もしくは身体の動きに、ある「象徴的な意味」を加えることが重要であると考えられてきたからではないか。また個人が見たもの、感じたものを言葉のように伝達、記録、保存できれば、国内外の多くの人たちに、思いや想い、願いを伝えることができる。

　しかしながら「見ること」によって伝達できる「絵画」さえ、外の世界を単に「視覚」だけで受け取ったものではないこともまた重要である。外の桜の花を描いたならば、同時に風の音、触れた印象、においなど、さまざまな感覚が、作品に蓄えられていると解することができる。人間の「表現」とは、このようにさまざまな身体感覚が複合的に示されていることが多い。

第3節 "expression" と "impression"

1 子どもと「表現」

　子どもの「表現」を受け止めることとは、単なるその技術、表現活動の熟達を問うことではなく、その子どもが生きていること、「存在」自体を肯定することにも通じている。そのため幼児にとって大切なのは、「描き方」を教えることよりも、子どもの外の世界の受け取り方、「ものの見方（印象）」に新たな発見を与えることだともいえよう。子どもはそれら「表現」を積み重ねて、生きるために必要な、根本的な力を養っていく。逆に、子どもの表現を無視したり、なおざりにして受け止めなかったら、その行為は、子どもの心を傷つけ、存在そのものを否定し、生きている力を奪っていくに等しいと言ってもおおげさではない。

　もともと「表現」は、英語の expression の翻訳語である。expression は、「言い回し、表情や顔つき」という意味を持つ。その反意語は、impression である。「印象、感銘、影響、跡、蓄積」という意味が連なっている。見る、感じる、味わう、触れるなどの「受動」的活動とくくってもよい。この expression と impression の関係は、互いに表裏一体、export（輸出）と import（輸入）のような関係にある。このような「表現」を「果実のなる木」の比喩から説明しよう。

2 「果実のなる木」から

　外界からたくさんの水や空気、栄養を取り入れることによって、木の果実は生育する。そして果実の色彩が満ちて大きくなったとき、重力に従って果実は地面に落下する。そのとき、果実の跡が土に着き、果実の栄養は地面に蓄積され、種から再び若苗が生育していく。

幼児の「表現」もまた、「応え」「印象」「刻印」と同一上に考える必要がある。

　「学習とは外部出力を伴わなければ意味がない」〔養老、2003〕。「知行合一」「文武両道」など、日本には古来から、入力と出力とのかかわりを意味する言葉がある。身体を動かすこと自体、学習と密接な関係があると考えられてきた。つまり「表現」という出力は、入力とのかかわりで考えなくてはならない。赤ん坊が歩けるようになったり、子どもが自転車に乗れるようになる背景には、多数の経験を繰り返したり、親からの言葉掛けを受け取ることによって、脳内で入力した情報から出力し、出力の結果から、次の出力が変化する過程を示すものでもある。「表現」の活動もまた、その心に深く刻まれる経験や体験、知性や感性による学びの喜び、そして感動がないと、意欲が自発的に起こりにくい。

3　「表現」と「生命」

　「表現」は人の心と身体、人と人との間のつながりとバランスを保つうえで必要不可欠なものともいえる。そのためにも保育者にとって、子どもの言動や状態から「気持ち」を理解することは、大事な心がけである。毎日の会話のやりとりや、子どもの表情、身ぶり、しぐさもまた大切な意味を持っており、「表現」へとつながっているからである。つまり保育における「表現」が「芸術活動」と特に異なる点は、それが日常的なものであり、生活の基盤、生活を営むうえでの基本的な部分であることが示される。実際、幼児にとって「表現」とは、人間の核心「生命」と深くかかわった重要な〈あらわれ〉なのである。ちなみにexpressionとimpressionに対し、入出力が一方通行の状態を示す言葉がexpose（さらす、暴露する）とimpose（課す、押し付ける）である。exposeの力をさらに拡大すると、explode（爆発）する（**図3**参照）。

　「生命は、それ自身の内なるダイナミズムを持っている。それは成長し、表現され、生きられようとする。もし、この傾向が妨げられると、生命

図3◆『表現』の構造

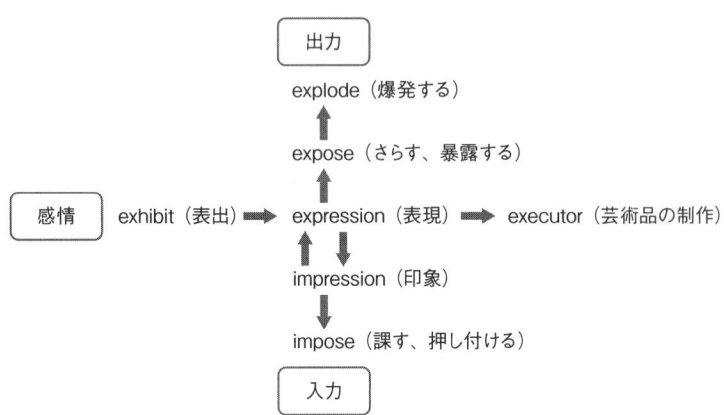

に向けられたエネルギーは、変質の過程を経て、破壊に向けられたエネルギーに変わるように思われる。言い換えれば、生命の衝動と破壊への衝動は、相互に独立した要因ではなく、正反対の方向に相互依存しているのである。生命に向かう衝動が妨害されればされるほど、破壊に向かう衝動が強くなる」〔リード、2001、p231〕。

第4節　「自己中心的言語」と「私的言語」

1　〈あらわれ〉とは

　本章の最後は、自分で意図したものではない〈あらわれ〉に着眼し、述べていきたい。
　「独り言」について『発達心理学辞典』〔中島、2001〕には「子どもが活動中に発する、他者への伝達機能を持たない不完全な発話」と記述している。この「独り言」について、子どもの発達論で著名なピアジェ（Piaget, J. 1896～1980）は「自己中心的言語（egocentric speech）」と呼称し、他

者との社会的関係が未発達（非社会性）な状態のため生じた無機能な現象とみなしている。

　一方、ピアジェと同時代のヴィゴツキー（Vygotsky, L. S. 1896〜1934）は「独り言」を「私的言語（private speech）」と称し、子どもが難しい課題に取り組んでいるときに「独り言」を発することが多く、それは他者（外側）に向けられたコミュニケーションの役割も果たすと考えていた。そして外側に表された言葉「外言」を繰り返した結果、声に出されない頭の中の言葉「内言」へと移り、自分の行動を支配・調整する「自己との対話」が生まれるという。つまり自分の思いを外に伝え（それが他者であろうと、自分自身であっても）、その「応え、答え」を再度受け取ることで、内なる自分を見つめ、自分が生きている「存在」を強く感受することになり、その過程こそ重要である。このような「経験」の積み重ね、軌跡の全体性の中で生じる問題は、言葉以外の「表現」とも重ねられるものである。それら「表現」がもたらすものは、自己確認、自己実現、自己充足、自己拡充にかかわってくる。

2　〈あらわれ〉と伝達

　言語によるコミュニケーションの問題は、大人であっても、新しい環境のもとで「表現」にもどかしさを感じる場面から連想できよう。初めて訪れた外国で、語彙が少ないため、自分の思いを伝えられない経験はないだろうか。表情だけでは、微妙な想い、思いを伝えることが難しい。また同じ表情の〈あらわれ〉であっても、生まれ育った環境、文化によって、異なった意味を含むことがある（日本人の羞恥心を含んだ「笑い」は理解されにくい。ちなみに英語の「泣く」には、"cry, weep, sob" と違いがある）。しかし逆に「言葉」を知らなくても、身体の動き、歌ったり、踊ったり、あるいは絵画を描いたり、物を作ることによって伝わるものもある。つまり日常生活において「表現」とは、さまざまな感情的な経験のほか、新たに学んで理解すること、知識の積み重ねを通して

「表現」の幅を広げ、多くの人々とコミュニケーションを可能とするものなのである。

　おいしいものを食べて「おいしい」といい、うれしい表情をする。自分が心の中で感じること、思うこと、必要なことを、身体の外に〈あらわす〉ことはまた、周囲の事物や他者との触れ合い、関係を生じさせる契機ともなりうる。そのような「思い」や「感情」を、どのような言葉、音や視覚的表象で伝えるかによって「表現」の資質が問われてくる。

3 〈あらわれ〉と「表現」の方法

　このように私たちは、自身を取り巻く世界からさまざまな「影響」を受けて生活している。日常生活においては、新たに感情的な経験や知識を積み重ねることを通して、さまざまな〈あらわれ〉の方法を獲得することとなる。自分の内部にあるもの、気持ちの「想い、思い」を、他者に伝え、外に「表現」するためには、単に自分という存在をかたどるだけでなく「表現」の方法を学ぶことが重要となる。その人がどれだけ豊富な経験・体験や知識を外の世界から受け取ったかによって、「表現」は左右されるといってもよい。

　外の世界に「表現」することはまた、他者とのきずなを織り合わせていくことでもあり、同時に互いの異なった考え方「表現」の相違に気づくことによって、他者の存在を理解し、認めることもでもあろう。「表現」を通して、新たな価値観を自身の内側で多角的に築くことによって、人間は世界と結びついた自分の存在に気づき、社会性を獲得していく。

　「理解するとは、子どもの表現を自らの表現可能性として受けとり、そこで理解された意味を、自分と他人の共通のことば、あるいは伝達可能な行為に移すことである」〔津守、1987〕。

　幼児の「表現」は、うまく絵画が描けたり、歌えるか否かを問うものではなく、日常生活で「表現」する気持ちがわいてくる土台となるよう

な経験と、その表現を保つことができる「環境」を与えることが重要である。「表現」を通して自分の気持ちを表し、他人に知ってもらうことで、自分の内にある思いや考えを伝え、自分を知ることになる。また他人が表現したものによって、外の世界、他者を知ることになる。「表現」は、幼児の生活、ものの見方を反映・投影した「鏡」ともいえる。その「鏡」を全面的に受け取る中で、豊かな創造性を養っていきたい。

【引用・参考文献】

ハーバート・リード／宮脇理ほか訳『芸術による教育』フィルムアート社、2001年

山田俊雄・吉川泰雄編『新国語辞典』角川書店、1981年

ジャック・ラカン／宮本忠雄ほか訳『エクリ』弘文堂、1972年

養老孟司『バカの壁』新潮新書、2003年

中島義明編『現代心理学〔理論〕辞典』朝倉書店、2001年

津守真『子どもの世界をどう見るか』NHKブックス、1987年

宮脇理編『4本足のニワトリ』国土社、1994年

谷川渥監修・渡邊晃一ほか編『絵画の教科書』日本文教出版、2001年

第 **3** 章

子どもの絵の発達段階

山村 達夫

幼稚園や保育所、いわゆる就学前教育の場において実践的であるためには、教師の発達に対する知識は、子どもの活動を裏打ちし支えていく点で重要なポイントである。とりわけ子どもの絵画活動は、子ども自身が内面を表現するということであるから、実践上有益な情報にもなりうるものである。

第 *1* 節　子どもの発達段階

1　発達段階の特性

　最初に、「発達段階」(developmental stage)という言葉について説明しておく。一般的に「発達段階」というのは、発達の過程において確認できる特徴を基準として、いくつかのまとまりを示した言葉である。乳児期、あるいは幼児期、思春期といった言葉がそれである。各段階は、他の段階と質的に明確に区分することができるといわれている。
　「発達段階」という考え方では、次のような特性が示されることが多い。
　1）発達の順序性
　発達は一定の決まった順序で進行していく。シャーレイ（1961年）の研究を基にして、人間の乳児期の発達で順序性を考えると、「胎児姿勢→あごを上げる→肩を上げる→支えて座れる→ひざに座ってモノをつかめる→いすに座る→一人で座る→支えてもらって立つ→家具につかまって立つ→ハイハイする→手を引かれて歩く→家具につかまって立つ→階段をハイハイで上がる→一人で立つ→一人で歩く」といった発達段階を順序どおりに経過していく。
　こうした動きをまとめて「這えば立て、立てば歩めの親心」という言葉が生まれたのである。

2）発達の方向性

発達には一定の方向性があり、身体の発達では「頭部―尾部勾配」と「中心部―周辺部勾配」と呼ばれる方向性がある。頭部―尾部勾配とは、身体発達が頭部から尾部（脚部）に向かって進行していくことを示していて、中心部―周辺部勾配は、体幹から末梢の方向へと進行することを表している。

3）発達の連続性

発達には、休止や飛躍がなく、表面的には発達が止まっているように見えたとしても、身体や精神はいつでも変化し続けている。ただし、発達には個人差や性差というものがつきものであることには留意する必要がある。

4）発達の異速性

発達が起きる部位によって速さが異なる性質のことである。身体発達において、主に筋肉や脂肪などの組織細胞が充実して発達する時期を「充実期」といい、骨が伸びる時期を「伸長期」というが、それらは青年期に至るまで交互に起こる。筋肉と脂肪の増加・充実によって体重が増加し、骨の伸長によって身長が伸びるという発達が観察される。

2　子どもの絵の発達段階

さて、子どもが絵を描くという活動は、どのような発達の段階をたどるのであろうか。こうしたことは、インターネットや文献に当たれば、容易に見つけることができる。子どもの絵の発達の段階の区分は、若干の違いを見ることができるが、筆者なりにまとめたものが、次ページの**表**である。

1）擦画期

1歳から2歳にかけての時期、スクリブルといって、その後の「描く」という行為を誘発していく線画が見られる。「なすりつけ」あるいは「こすりつける」という姿を見ることができる時期である。

表◆子どもの絵の発達段階区分

(歳)	1	2	3	4	5	6	7
擦画期	■	■					
錯画期		■	■				
円形期			■	■			
象徴期				■	■		
カタログ期					■	■	
図式前期						■	■

　手のコントロールが手首とひじで結合し始め、らせん形や渦巻き形などの線を、一見でたらめに走らせて描く姿は、得意そうでさえある。ひじのコントロールや手首の動きを自由にできるようになった姿である。しばしば、描くという活動が、肩、ひじ、手首、指関節などの運動機能の発達を促すための役割があるともいわれるが、それは、五感の働きを育てていくこととの関係において考えられるべきことである。

2) 錯画期・円形期

　線に強さが表れ、曲線や円形が描かれるようになる。筆者の娘が丸を描いていた時期、初めの書き出しと丸の描き終わりが一致した時を思い出す。描いているときの視線が少し遠くを見ながらというか終点を意識し始めたとき、丸がきれいにつながった。私たちが、パソコンのお絵かきソフトでマウスを使って描こうとするとき、なかなか上手に線がつながらない感じと似ているように思う。「ぐるぐる」という言葉の響きを身体全体で感じるときでもある。このぐるぐるという感覚は、これか

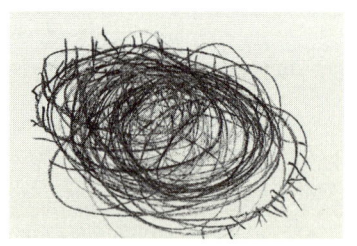

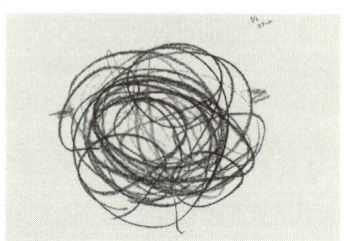

円形期の絵

ら先、けっこう長く持ち続ける感覚のように思われる。そして、子どもにとって基本的な感覚なのではないだろうか。

　ここでは、2枚の同じように見える円形を描いた絵を掲載した。左ページの上の絵は、いろいろな色を使って円を描いている。肩やひじを回す運動や腕の重みがクレヨンに伝わっていく様子がうかがえる。

　これに対し、下の絵をよく見てみると、ここには5つの小さな円と1つの楕円、すべてをつなごうとする大きな円という構成になっている。しばらくこの絵に向き合ってみると、曼荼羅（まんだら）がイメージされる、そんな動きである。

3）象徴期

　幼稚園教育において、教師が最も留意しなければならない時期が、象徴期からカタログ期にかけてである。この時期の子どもたちの絵にどのようにかかわることがよいのか考えていきたいと思う。

　子どもは、お話をしながら絵を描くようになる。これは極めて重要な様子である。線の塊や円形らしき物を指して「りんご」とか「お母さん」とかいうようになる。それは大人から見れば、そのものの形と言えるものではない。だから、なにげなくこの時期を過ぎてしまう。だが、幼稚園や保育所でこの時期の子どもの絵に少し関心を持ってみれば、子どもの発達についての理解が深まるだろう。

　この時期の子どもの絵には、三角や四角、ハート形や円らしきものが記号のように象徴的に表れる。見たり聞いたりした「経験」の中で、思いついたことを象徴的に表し、話してくれる。最も自己中心的な時期である。あるものを描き「まる」と言っていたかと思うと「お母さん」と言ってみたり「ハート」と言ったりする。とてもおもしろい時期でもあるが、ときに教師泣かせの時期でもある。

　その後、円の組み合わせや円と線の組み合わせで頭部から手や足が出た人を描くようになる。いわゆる「頭足人間」はこの時期の独特な描き方である。

頭足人間

　この時期を過ぎると、一つの事柄にまとまりを見せるようになる。左の絵は、双六のパーツのように見えるが、顔と手と胴体らしきものが描かれ始めている。

4）象徴期からカタログ期へ

　象徴期を経て、カタログ期へと移行するのだが、筆者はこの時期の絵は、とても大切だと思っている。円形期を経て、顔を描くようになると、家族の絵もカタログのように描けるようになる。まだ、乱雑とも言える描き方であり、耳も描かれていない。

　ただ、子ども自身が感じているものを伸び伸びと描こうとしていて、見ている側は気持ちよくなる絵である。上の絵は「家族」というテーマが象徴的に示されるようになってきている。子どもの発達において、いわゆる「統合」という働きが感じられるものである。

5）カタログ期

　子どもたちは、自分で興味があるものや覚えた形を並べて描くようになる。まるでお店に陳列してある商品のようなので、

家族の絵

44

この時期をカタログ期と呼んでいる。描かれた一つ一つは、説明を受けなくても理解できることが多い。

描かれたものは、それぞれが意味を持っているものの、関係性は見られないのが特徴である。それゆえ、大小の関係や描かれた因果関係に論理性が見られないのが普通である。

6）図式前期

この時期になると、子どもは知的な面でも情緒的な面でも成長が著しい。一つ一つの事物に対する概念も形成されるようになり、木や家、自動車はそれぞれこんな形ということがはっきりと意識されてくる。

3　発達の循環性

発達の段階というのは、先に見たとおり、そこには「順序性」や「方向性」さらには「連続性」ということが特性として考えられている。これらは、子どもの発達を見るときの目安として効果的な事柄である。

筆者は、ここにもう一つ「循環性」ということを付け加えておきたいと思う。それは、子どもの発達というのは、行きつ戻りつということを繰り返しているということである。階段は一段一段登っていくようなイメージではなく、上がったり下がったりしながら発達していくことに留意しておけば、余裕のある保育が実践できる。

第2節　「基底線」の意味するもの

1　基底線の出現

子どもたちは、ある時「地面」を描けるようになる。「ある時」というのは先に記述した図式前期の初期のころという研究者もいるが、基底線（Base Line）は、描かれたり消えたりの繰り返しではないかと思う。

それでも、ここで触れておきたいのは、基底線を引けるということに、子どもの強い意志のようなものが感じられるからである。それは、これから「〜を描くぞ」、そんな気持ちである。そして、その世界は意識された世界なのである。

　地面を描けるようになるというのは、極めて単純に言うなら、画用紙の下部に一本の線が引かれ、上と下という区別がつけられるということである。また、基底線によって見える所と見えない所という区分けともなる。区分け、あるいは区切るということは、この言葉が象徴しているように、一つのものや事柄を「分ける」「切る」という活動（行為）である。分けたり切ったりするということは、あったはずのことがなくなるということである。

　この1本の線が引かれると、この上に木や花や家などが並んで描かれるようになる。だが、そのことは、同時になにかを失っていくことでもある。

2　基底線出現以前との比較

　この基底線の出現が、それ以前の子どもが持っている大切なものを、どこかに置いてきてしまうような感じがする。

　この点は、もう少し説明が必要になるであろう。「それ以前の子ども」というのは、象徴的表現期からカタログ期を過ごしている子どもを示すことになるが、このころの子どもの絵は、伸び伸びとして、見る側の想像力をかきたてる力を持っている。子どもの五感が噴き出しているようにも感じられる。決して説明的ではなく、言葉に頼らないメッセージ性を持っていたはずである。言葉に頼らない、それはまさに子どもの自然な姿で表現されているから、魅力的なのだ。

　このような点から、筆者は次のように考えている。ただし、断っておくが、筆者は客観的なデータを持ち合わせているわけではない。むしろ子育てをする中で感じたことを主観的に記述することを、お許しいただ

きたい。

　右の2つの絵は、ほぼ同時期に同じ子どもが描いたものである。消防車の絵は、幼稚園で友達といっしょに教師の指導を受けながら描いたものである。指導した教師に聞いてみると、実際に消防自動車を見学した後、図鑑などを見ながら描いたという。もう一枚の絵は休日に自分で描いたものである。

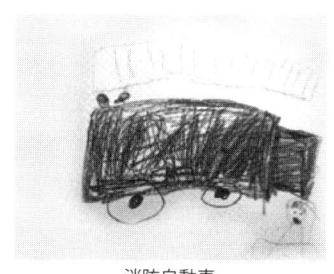

　2つの絵を比べてみよう。特徴的なことは「基底線」の有無である。幼稚園で描いた消防車の絵に、基底線は引かれていない。ところがもう一枚の絵には基底線（地面）が描かれたものの、その上にお日様と花が描かれて終わっている。残された白い部分には、何を描こうとしたのだろうか。あるいはなぜ描かなかったのだろうか。そのことは子ども自身にしかわからない。いや子ども自身もわからないのかもしれない。

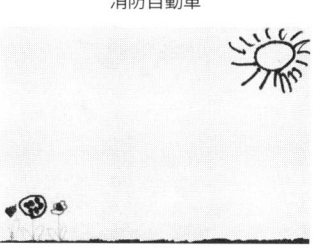

　けれども、筆者はこの絵を見たときに、実はホッとした気持ちになった。「まだ自然のままでいてくれるのかなあ」という感じを受けたからである。

　この受け止め方を上手に説明することは難しい。なぜなら、家庭においても、教育実践の場においても、もし、この状態の絵を見たなら、何かを描いてほしい、何かを描かせるという働きかけを行いたくなるからである。

　だが、筆者は、そうは思わなかった。直観的にホッとしたのである。基底線の次に描かれるもの、この絵でいうなら中央の部分に、この子は何かを描きたいと思っていた、と筆者は思う。だが、この子はこの白い余白の部分に描くことを躊躇したように感じた。それは、基底線を越え

第3章◆子どもの絵の発達段階

たところにある世界は、今までの心地よい世界とちょっと異なる世界ではないかという、子どもの持つすばらしい嗅覚が働いているのではないだろうか、と思うのである。まさに本能のなせる業である。

3　言葉や形にならないもの

　子どもの外面においては、家庭から社会という生活の移行が経験されていても、その内面においては自己中心的な世界から言葉で説明される世界への移行には、戸惑いを感じるのではないかと思う。そこをスッと通り過ぎることのできる子ども、なにかモヤモヤしたものを感じている子どもと、さまざまなのであろう。この事例は「目から入ってくる情報」と「耳から入ってくる情報」という2つのことを、子どもはどのように処理していくのかということを考えさせてくれる。

　子どもの発達にとって、目から入ってくる情報と、耳から入ってくる情報をどのように処理していくかという働きを考えておくことは、かなり重要な事柄である。もし、目から入ってくる情報と耳から入ってくる情報がバラバラであったらどんな感じだろうか。感覚が運動的に働くときには「言葉」が密接にかかわってくる。これらは、どのように子どもの中で育っていくのであろうか。

　三木成夫は次のように述べている。「目に映った感じを言葉の響きに置き換えて言い表す」〔三木、1995〕。この指摘は、大人の役割として大切なことである。その意味で、私たち大人の言葉に対する感覚を研ぎ澄ます必要性への警鐘でもある。同時に、就学前における教育や保育でのポイントとなる言葉である。言葉の持つ響きや言葉の持つ色を子ども自身が形成していくことを支えていく。このことをぜひ心に留めておいてほしい。

　こうしたことを考えるようになったきっかけは、『耳で考える』という書物の中で、養老孟司の次のような指摘を知ったことによる〔養老ほか、2009〕。養老は久石譲との対話の中で次のように述べている。

今の人の悪いクセは、何でも「言葉」で説明できて、理解できると思っているところだと僕は思っています。だから意識的に言葉で説明することを求める。

　また、続いて次のようにも述べている。少し長くなるが、大切なところなので全文引用する。

　それを哲学では「クオリア」というんですよ。茂木健一郎君が「クオリア」ということをよく言っていますが、言葉ですくいきれなくて落ちていく部分というのが必ずあるというわけです。
　いろんなふうに落ちてるんですけど、例えば我々は、ものを名前で呼びます。自然のものを、例えばリンゴならリンゴと言う。だけれどリンゴにもいろいろな種類がある。黄色いのも青いのも赤いのも、甘いのも、酸っぱいのも、大きいのも小さいのも、木になっているのも、八百屋で売っているのも、腐って落っこちているのもさまざまです。
　それが言葉としては「リンゴ」の一語で言い表せます。一見便利なようですが「リンゴ」という言葉を使った瞬間に、そのリンゴの持っているいろいろなものが落ちる。
　ところが、<u>今は現実よりも言葉が優先するんですね。そして言葉にならないことは「ないこと」になってしまう</u>んです。そうした中で、かろうじて絵とか音楽とか、いわゆる芸術といわれるものが、言葉にならないものとして踏みとどまっている。（下線は筆者）

　この指摘は、かなり重要なポイントを示している。言葉にならないことを「ない」としてしまうのではなく、想像してみることが求められるのである。
　こうした考え方を補強する意味から、言葉にならない世界を絵画という手法で表現しようとした画家を紹介しよう。

読者の皆さんは、パウル・クレー（Paul Klee）やジョアン・ミロ（Joan Miro）の絵を見たことがあるだろうか？　2人の特徴を紹介するには紙幅が足りない。ここではクレーについて紹介しておく。詩人の谷川俊太郎は『クレーの絵本』の後書きで次のように記している〔クレー・谷川、2008〕。

　　クレーの絵に現れているものは、私たちがふだん目にしているものとは違う。たしかにそこには文字や人のかたちや植物らしきものが描かれてはいるが、それを言葉にしようとすると私たちはためらう。言葉で彼の絵をなぞることはできないと私たちは思う。クレーは言葉よりもっと奥深くをみつめている。それらは言葉になる以前のイメージ、あるいは言葉によってではなく、イメージによって秩序を与えられた世界である。

　読者の皆さんも、ぜひクレーやミロの絵を眺めてほしい。彼らの描いた世界に触れるとき、きっと彼らの描いた絵の原点が、幼児が描く絵に隠されていることに気づくだろう。

第3節　子どもの絵と心の発達

1　色を選ぶ

　次ページ右上の絵は、運動会のプログラムに描いたものである。テーマは「運動会のメニュー」ということで、各自好きな食べ物を描いた。この男の子は、カレーライスを描いたという。お皿の色が白であったため、ご飯の色に困ったらしい。彼はご飯を青色で描いた。その上に白色を塗り、カレーらしく茶色を加えた。
　青色を一度塗ってその上に白色を乗せるというのは、ずいぶんと高

度なテクニックのように思う。そう、これは、教師が教えたのである。子どもが白いお皿の上にご飯を描いてもよくわからないから青で塗ったというのを聞いて、青の上から白を塗ってみたらと話したのだという。なぜ、青にしたのか、ということはよくわからない。子ども自身もわからない。白色のお皿の上に白いご飯を描いてもわからないから、という論理性は注目できる。

運動会のプログラム

しかし、なぜ青色なのか。子どもが無意識に手にしたこの色にどんな意味づけをすることが可能なのだろうか。青色というのは、心と色彩感覚というテーマで考えたらおもしろい。知性や論理性といったことも意味するし、どうしようかというごちゃごちゃした意識から解放されているようにも感じられる。その意味では健全なことなのかもしれないという感想を、筆者は持った。

2 物を見て描く

次に筆者が行った実験を紹介する。筆者は、試みに娘にこんな実験につきあってもらった。それは、あるものを見て描くということである。

ローエンフォルトが行った実験というのがあり、それは弱視（ほとんど見えないか、かすかにしか見えない）の子どもを集めグループを作り、そして普通の視力を持つ子どもたちをグループとして集め、人物を土で作らせ、描かせたのだという。ローエンフェルトは、もし幼児が物の形を見ているのなら、見える子ども

実験の模写体

第3章◆子どもの絵の発達段階

と見えない子どもでは違う形が描かれるだろう、と考えていたらしい。実験の結果は、どちらのグループともほとんど同じ人物が作られ、そして描かれた。幼児は、物を見て描いていなかった。

　筆者の娘は、このとき5歳1カ月になろうとするときであった。お土産に買ってきた人形を見ながらかいてみてと話した。「よく見てかくんだよ」、とだけ声を掛けてその様子を見ていた。

娘が描いた人形の絵

　最初に顔をかいた。目をかき、口をまねた。その後、胴体を描き出したのだが、途中おもしろい様子を見せた。人形を回して背中がどうなっているのかを確認したのである。その後は、足をかき、最後は帽子の部分である。人形の色と同じオレンジ色で塗るのかと思いきや、なんと明るい青色で塗っておしまい。そして遊びに行ってしまった。

　娘が描いた絵を現場の教師に見せたところ、一人の教師は「風になびいている感じがする」という感想であった。また新人の教師は「塗っているときに、はみだしちゃったのかな」というふうに考えていた。もちろん、この2人は、実際に娘が描いているところに立ち会っていないのだから、こうしたいろいろな見方になるのは当然である。

　このささやかな実験から理解できたことは、以下のとおりであった。
①子どもは、図式前期のころには、物を見て描くことができるようになる。筆者の娘は5歳0カ月であった。
②だが、画用紙の大きさに対し、描こうとしているものをどのように配置したらバランスよくなるかという概念は乏しい。画用紙の中央に顔を大きく描き始めた。
③描こうとする物の特徴をとらえることができる。特に口を表す部分

は、同じように描いていた。
④自分が見えている部分の向こう側も描こうとする（見ようとする）。
⑤この時期の子どもにとって「見てかく」という活動は、短時間内に行われる。長く続けることができない。

この結果から、特に見えている部分だけではなく、見えない「向こう側」をも描こうとする子どもの姿は、私たちに多くのことを考えさせてくれるように思う。

その一つが、このように絵の発達段階に関心を持つことを通して、子どもの心の発達に目を配るということができるということである。今、「他者の心をどう理解していくのか」というテーマについて、幼児期を対象に考えていくことは、たいへん有意義なことでもある。絵に関する技術面だけでなく、いろいろな角度から創造豊かな子どもの絵に関心を持ってほしい。

【引用・参考文献】
養老猛司ほか『耳で考える―脳は名曲を欲する』（角川oneテーマ21）角川書店、2009年
パウル・クレー・谷川俊太郎『クレーの絵本』講談社、2008年
三木成夫『内臓のはたらきと子どものこころ』築地書館、1995年

といる
第4章
子どもの想像力

おかもとみわこ

本章の前半では、人間として生を受けたときからの言葉掛けの重要性や、遊びの中から想像力が養われていることを述べる。また後半では、子どもの絵の発達段階における保育者と子どものかかわり方や、子どもの表現活動における各感覚機能の働きについて取り上げる。また、豊かな創造性を伸ばすために保育者に求められることや、保育者として、子どもの想像力をどのようにして引き上げるのかについても述べる。

第1節　想像力

　ハーバート・リード（Read, H. E. 1893～1968）は「子どものイメージは極めて鮮明であり、多くの事例においてそれは直観像ではないかと言われている。しかし子どもが成長してゆくにつれて、イメージの強さと個性を失い、概念という思考が働きかけてくる。子どもは誕生の瞬間から自分自身を表現し始める」と述べている〔リード、2001〕。現代社会は自然との直接的体験が足りないといわれている。感性豊かな想像力が育たないため、体験を通してこそ想像性豊かな子どもが育つのである。子どもの想像力は五感を通して想像することができる。そしてまた、直接的に見る色の体験や描画を通して想像力を養うことができるのである。

　子どもは豊かな感性を持って生まれてくる。感性を育てることは想像力を育てるということになる。しかし成長とともにさまざまな外的要因から純粋な想像は変化をもたらせるのである。保護者や保育者の役割は直接的に関係の深いものになってくるのである。

1　人間の赤ちゃんと動物の赤ちゃん

　動物の誕生と比べると、人間の誕生は実に不思議である。動物は誕生してからしばらくすると自力で立つことができる。馬やキリンがそうであるように、誕生してから数時間後には立ち、自分からお乳を飲むこと

ができる。イルカやクジラも誕生と同時に泳ぐことができる。しかし人間はどうであろうか。人間は生まれてすぐに産声を上げることはできるが、決して独りでは立つことはできないし、ましてや歩行すらできないのである。つまり動物と比べると新生児は発達が遅れたままにこの世の中に出てきた未熟児ともいえる。アドルフ・ポルトマン（Portmann, A. 1897～1982）は「人間のあかちゃんは1年ほど早く生まれてきた未熟児」と述べている〔ポルトマン、1961〕。

東山明は発達科学の視点から「子どもが誕生して3年間に入るさまざまな情報や心身の発達量は、3歳から20歳までの量に匹敵するという。また3歳児の脳の重さは成人の脳の重さの70％に達するという。『三つ子の魂百まで』といわれるように心身の発達はもとより、脳の配線をつくり、ものの考え方の価値基準をつくるのに大切な時期なのである。まさに人間性を創造する時期といえよう」と述べている〔東山・東山、1999〕。

2　言葉掛けの重要性

子どもは母親からの深い愛情で育てられている。生まれて初めて肌に触れるのも母親であり、ずっとそばにいるのも母親である。その母親から「おなかすいちゃったのね」「おいしいねぇ」「きれいね」「痛かったね」などと言葉を掛けられることが大切である。

近年携帯電話の普及率が100％近くになり、誰もが手にしている。携帯電話を架けながら、またはメールをしながら授乳している母親をよく見かけるようになった。一番大切な何かを失っているのである。この時期の子どもは、言葉が話せなくても母親の目を見ることができるし、言葉を聞くこともできるのである。授乳時の母親の言葉掛けは、おなかの中にいたときに聞いた愛情あふれる波長と同じである。その心地よい言葉の波長により精神が安定するのである。

言葉掛けの少ない家庭環境で育った子どもの中に、手のない絵を描く子どもがいる。そして料理をしない家庭で育った子どもも、手のない絵

を描くのである。

　子どもにとっての保育者は、絶え間ない愛情と関心を持って保育をすることが大切なのである。

3　遊びと想像

　現代は物であふれている。そして子どもは与えられたものでしか遊ばない傾向にある。そうではなくて、作り出す喜び、創造性や発想性のすばらしさこそが本来あるべき姿である。

　遊びとは自発的なものであり、人間にとっての本質は遊ぶことにある。遊びの基本にある自発性において、その根本となるのが好奇心である。好奇心がベースとなって遊びが出てくるのである。好奇心があるからこそ自発的になり、遊ぶようになる。つまり、自発性を育てるためには好奇心を育てることが必要なのである。そのためには、子どもが好奇心を発揮しようにも、発揮する事柄や行動がなければ発揮することができない。そのために、子どもを豊かな環境、多様な環境に積極的にさらすことが大切なことである。そして好奇心を育てるには、何よりも親や保育士の実力が大きく問われるのである。

　フレーベル（Fröbel, F. W. A. 1782～1852）は、次のような主張に到達した。「遊びは子どもにとって人間としての発達の最高の表現である。なぜならばそれのみが子どもの魂の中にあるものの自由な表現だからである。それは子どもにとって最も純粋で最も精神的な生産物であり、同時にまた、あらゆる段階、あらゆる関連における人間生活の典型であり模倣である」〔リード、2001〕。つまり、遊びは子どもにとって自由な表現方法であって、最も明確な形式である。遊びとは自発的である。人間の本質は遊ぶことにある。遊びの基本にある自発性においても、最も基礎となるのが好奇心であり、それがベースとなって遊びが出てくる。自発性を育てるためには好奇心を育てることが必要である。そのためには子どもが好奇心を発揮し、育て得る環境を積極的に用意しなくてはならない。よ

り良い環境作りが大切になってくるのである。子どもが好奇心を発揮しようにも、発揮する事柄、行動がなければ発揮することができない。豊かな環境、多様な環境での子どもの直接的体験が必要とされてくる。

第2節　子どもの宇宙観

　子どもは想像することによって、いろいろな世界を想像の中で体験する。想像とは頭の中で思い描くことであり、推し量ることである。つまり空想世界を子どもの中で創り出し、それが夢の世界であったり、現実の世界だったりすることをいうのである。この空想世界こそが、子どもにとっての宇宙観である。この宇宙を創り出すために、子どもはたくさんのことを聞き、多くの物を見て、直接体験して成長していくのである。

1　初めの一歩

　本書第3章に書かれているように、3歳までの時期の表現方法として1歳半～2歳半ころまでの表現のことを「なぐりがきの時期」という。名称は文献などで異なるが「錯画期」「塗りたくり期」さらに海外では「スクリブル」ともいわれている。このなぐりがきは、親や周囲の環境からクレヨンや鉛筆を与えられて紙に向かって遊んでいるうちに、点や線を描くことができるようになってくる。そして紙だけにはとどまらず、壁や床などにも描く。それは遊びではなく手の発達機能の段階ともいえる。子どもにとって描くという意識ではなく、手を動かすことができるという快感から来るものである。2歳半ころからは、言葉の理解ができるようになってくる時期でもある。この時期に、おおよそ400語くらいの言葉を覚える。

　喃語とは乳児が発する意味のない言葉で、言語を獲得する前段階で声を出す練習を学習している。そして喃語の1語文として「ニャーニャー」

「マンマン」「パーパ」「ワンワン」などがあり、この時期の子どもはこれらの喃語に命名（意味づけ）をしながらなぐり描きをする。この喃語を発することができるようになってくる時期こそ、子ども宇宙の初めの一歩なのである。子どもの宇宙は果てしなく広がり、それは大人の想像をはるかに超えた、純粋でかつ透明な感性で彩られているのである。

なぐりがき

　鳥居昭美(1928～)は「子どもの絵といってもその年齢や発達段階によって大変なちがいがある。（略）今日の多くの大人たちはこのちがいを少しも認めようとせず、あまりにも容易に大人の絵を幼児の生活のなかに取り入れ、教えこもうとする傾向がある。美術教育とは大人の絵を教えることだという勘ちがいさえある。美術教育とは子どもの発達に応じて、子どもの絵を発見し、子どもの絵を育てる教育である」と述べている〔鳥居、2004〕。大人の目線でしか見ることのできない大人は、大人が見た絵を子どもに描かせる傾向がある。例えば、チューリップ、自動車、チョウ、ウサギ、家、太陽などがそれである。

　大人の目線と子どもの目線には当然のことながら違いがある。大人の介入によって子どもの純粋な目線での感性が曲げられてしまうのである。

　そして4歳ころにかけて、多語文で盛んな意味づけをするようになってくる。この意味づけは子どもの発達段階にとって最も重要であり、頭の中で、想像力を膨らませ、クレヨンや鉛筆で線を描き、そのイメージに意味を持たせることによって線とクレヨンが一体化して、象徴機能が少しずつではあるが発達するのである。このように自分が想像したものを象徴的に表現できる時期を「象徴期」「命名期」などという。または「カ

タログ期」「図式期前期」ともいわれている。

　3歳前後の子どもからは、丸が描けるようになってくる。象徴期前半は丸を描いてその中にまた丸を描き、口や目を描く。「これは、○○ちゃん」とはっきり命名して表現できる時期で、頭部人間を描き始める。この頭部人間のことを「頭足人」という。初めて描く頭足人は母親である。生まれたときからだっこされている一番身近な人物だからである。そしてこの頭足人の登場こそが、子どもの宇宙観の広がりをより鮮明に描き出す瞬間でもある。

　今まで何の意味も持たなかった絵に意味をつけるということは、自分の頭の中で、想像の世界と線が一つにつながるということになるのである。

　このことについてローウェンフェルド（Viktor Lowenfeld 1903～60）は、次のように述べている。

　　　子供はなぐり描きをしながら、何かお話をするようになってくる。汽車にも、おかあさんにも見えないけれども、かれは「これは汽車」「これは煙」「これは買い物に行くおかあさん」といったりする。「このなぐり描きに注釈の付くこと」は、子供の思考が全く変化したことを示しており、子供の今後の発達にとって最も重要である。今まで子供は、自分の動作だけに完全に満足していたが、それ以外は、動作と想像的経験とを結びつけるようになる。動作を介しての（運動感覚的思考）から絵画を介しての（想像的思考）へと変化したのである。生涯のほとんどの思考が、絵画を介しての思考と関係していることを考えるならば、この変化がいかに決定的なものであるかを理解することができる〔ローウェンフェルド、1995〕。

　ゴッホ、ミロ、ピカソ、クレーなどの画家たちは、幼子のときの表現に戻り、作品を描き続けたといわれている。天才的デッサン力を身につ

けていた彼らからは、想像ができないほど簡略化されている。それらの作品は数多くの感動を人々に与えてきたのである。

2　子どもの感覚

　子どもの発達の基本は、視覚、聴覚、触覚などの感覚の発達である。身の回りの現実を認識してゆく場合、感覚や知覚を元にして、認識したり想像したり回想したりする自発的な活動を行うものである。美術は感覚

お絵かき大好き

の発達と深い関係にあり、色彩、形態、バランス、構成などを正しく知覚することが造形表現の始まりである。乳児期において、知覚は加速的・集中的・集約的に発達するため、触れて見ることで感覚的能力の発達を促すことが保育の中心となり、子どもは、身近にある小さなものを一生懸命に見つめながら、わずかな形や色の違いを見分ける力を身につけるのである。そして、この感覚をより良く使う訓練のために、敏感な感受性が内面に生じる。この時期は一生に1回きりの感覚を磨いていく大切な時期ともいえる。換言すれば、感覚をよく磨くことが、将来において高い専門性、優れた芸術性、デリケートな道徳性などを身につけることのできる土台を作ることになる。

　人間的発達の基礎づくりをするためには、楽しく見る力を育て、発見する喜びの工夫が必要となってくる。人間としての正しい認識を獲得していく基礎はそれぞれの諸感覚である。したがって、知覚は生まれ持ったものでも自然に備わっているものでもなく、人間の知識や技術、社会での環境の中で身につけるものである。この知覚を通して、さまざまな感情が生まれ、その中で人間的認識が形成されてゆく。

人間は、見る、聞く、かぐ、触れる、味わう、という行為をし、その際に、目（視覚）・耳（聴覚）・鼻（嗅覚）・皮膚（触覚）・舌（味覚）という感覚器官を使って、人間の外側にあるものを自分の中に取り入れる。感覚器官から環境刺激を受け入れ、その刺激が脳に伝えられる。そして、脳から次に運動器官に伝わるのである。これら「視覚・聴覚・嗅覚・触覚・味覚」は、人間が外の世界と関係を持つ大切な窓口である。この大切な窓口が完成し、洗練されるのは、3歳から6歳である。この時期にこの五感を一つずつ使うことによって、それぞれの器官を完成し、その器官の持っている機能を洗練するのである。

3　無意識の要求

　子どもは、生活の中で芸術的な美しさを無意識に見つけ出そうとしている。あたかもそれは、要求しているようにも思われる。子どもを取り巻く環境や自然の移り変わりも、子どもの身に起こる新しい事実として興味深く、好奇心と発見の喜びを全身の感覚で受け止めている。水や砂、粘土のような触感覚の遊びを十分に経験してきた子どもには、豊かな情緒が養われ、社会性の

感じて表現 "踊る"

広がりとともに創造性に満ちた造形活動の発展が見られるであろう。
　しかし、現代社会の生活環境の変化などによって、子どもの表現活動に変化が生じているのも事実である。遊ばない子どもが増えてきたのは事実である。それは、遊びが変わってきていることがその要因に挙げられる。子どもはだいたいにおいて無意識な存在である。それらすべてが善である。大人が手本となり、正しい姿勢を子どもに見せない限り、善悪の判断ができないのである。子どもは、大部分が想像の中で過ごして

おり、子どもの遊びは、子どもの生活の表現でもある。子どもの自由な表現、無意識な存在こそが、本来子どもにとってのテーマであると同時に、それらは最大の自己表現でもある。もっと感性豊かに、もっと想像世界のすばらしさを表現することによって、無限に広がるイメージの自由な発想に必要な手助けを、いろいろな角度から指導するのが本来の教育ではないだろうか。そのためには保育者が、自らの感性をより高く磨き上げなくてはならない。このままでは、これからの子どもの表現活動に対し危機さえ感じるのである。まずは、保育者の心の意識改革が必要とされる。

4　思いやる心

　相手を思いやる心とは、真に相手を理解できる心である。理解するということは、愛するということと同じである。思いやる心を広げるために必要なことは、まず理解力である。経験を積み重ねることによって知識もついてくる。また、思いやりの心には、相手の言うことを聞くということも大切である。その心がまなざしを柔らげ、笑みが絶えなくなり、周りの子どもに優しい言葉を掛けることができるようになるのである。
　「心」というものを表現することは非常に難しい。本来「心」とは、目に見えないものであり、科学で解明したり数字で理解したりすることができないものである。現代は物質主義であり、目の前で見える結果だけに気を取られている。科学とは、見えないものを見えるものに形作った結果である。本当に見るべきもの、知るべきことは、そうした形になって現れるまでのプロセスである。目に見えないもの、つまり「想い」「心の声」が、結果となって見える形をなしているのである。
　詩も絵画も音楽も、そしてテレビや自動車さえ、想いが形となったにすぎないと考えれば、これからを生きてゆく子どもたちが正しい「想い」を持ち、それがしっかり形になるように、保育者が見守っていかなければならない。これらを踏まえて、子どもにとって一番大切な時期を大人

が理解し、知性を育てることに心を傾けることで、すべてが変わってゆく。

　子どもを社会に貢献できるように育てる基本は、親がわが子に十分に愛情を与えることである。親から愛情をもらって育った子どもは、反社会的にはならないということである。十分な愛を受け取って育った子どもは、周りの人に対して優しい愛の気持ちを持つことができるのである。つまり、社会に尽くす心、多くの人のために役に立ちたいという大きな夢を育てることができるのである。すべての基本は愛である。

　子どもに愛を伝え、子どもの心を育てる教育は、知識を与えることよりも重要なのである。言葉ではなく、心の教育、愛の教育こそが、現代社会において最も望まれる、生活の中での教育ではないだろうか。

　日々の生活において、情緒とは、思いにおける一つの傾向性である。情緒の形成は非常に大切であり、これによって、高級なもの、高尚なものを追い求める気持ちが生まれる。さらには、残忍な気持ちや、冷酷な気持ちになるというさまざまな傾きがあることをいう。この情緒は6歳までに出来上がる。したがって、保護者や保育者の影響力は決定的である。大人たちが、いかに正しい思いで子どもたちと接し、想像することのすばらしさを伝えるか、そして正しい心を伝えていくかが必要とされるのではないだろうか。子どもの想像力は、「思い」によって形づくられるという前提があるのである。

5　保育者に求めるもの

　保育環境、保育者の表情、保育者の心の状態等を、子どもは敏感に察知している。いかに保育者が精神的に落ち着いているかが重要となってくる。子どもの指導は間接的指導であり、デリケートであってほしい。つまり、子どもたちがデリケートな感受性に満ちて美術を学習するときには、創ることが楽しくて、おもしろくてたまらない心理状態に導くことである。

　そのためには、保育者は常に子どもから愛されなくてはいけない。そ

れは常に子どもを受け入れる姿勢である。子どもは、保育者から受け入れられているという信頼関係によって、計り知れない能力を発揮する。それにより、子どもは肉体的にも精神的にも健康になってくる。子どもを受け入れることによって、逆に保育者が子どもから受け入れられることになる。子どもは自分の自由な行動を受け入れてくれる保育者を愛に満ちていると感じる。それは、子どもの本能である。

　子どもたちに大きな励ましを与える「よくできたね」、「すごいね」といった一言が、どれだけ自信を呼び起こすかわからない。子どもが信頼を感じ取ったとき、自信へとつながり、予想をはるかに超えた能力を発揮する。それらが、無限に広がる想像力につながってくる。お互いの信頼関係こそが、子どもにとっての感性豊かな想像力の手助けになるのである。

　子どもの想像力は、大人が想像する以上に直感力に優れている。保育者として子どもの想像力を信頼し、温かく間接的に見守ることが大切である。もちろん、月日が記憶を消してしまうかもしれないが、純粋で、そして透明な子どもの心を大切にしてほしい。そのためには、保育者自身が、絶え間ない善意ある関心を子どもたちに向けるべきなのである。

【引用・参考文献】

　　ハーバート・リード／宮脇理ほか訳『芸術による教育』フィルムアート社、2001年
　　アドルフ・ポルトマン／高木正孝訳『人間はどこまで動物か―新しい人間像のために』岩波新書、1961年
　　東山明・東山直美『子どもの絵は何を語るか―発達科学の視点から』NHKブックス、1999年
　　鳥居昭美『子どもの絵をダメにしていませんか』大月書店、2004年

V・ローウェンフェルド／竹内清ほか訳『美術による人間形成—創造的発達と精神的成長』黎明書房、1995年
鳥居昭美『子どもの絵の見方、育て方〔新装版〕』大月書店、2003年
谷田貝公昭監修『造形』(保育内容シリーズ6)一藝社、2004年

第5章
指導計画の作成

牧野 由理

指導計画は、一人ひとりの幼児が発達に必要な経験を得ることができるように、指導の順序や方法について示した計画であり、園において表現活動を行ううえで重要なものである。では、保育者は指導計画を作成する際に、どのような点に配慮すればいいのかを考えてみよう。

第1節　指導計画の重要性

1　指導計画作成のポイント

　幼稚園教育は環境を通して行うものであり、幼児が生活の中で、人、物、自然などとのかかわりの中から生まれる活動は多岐にわたる。保育者は指導計画を立てることで方向性を明確にし、園の環境や幼児の生活に応じて柔軟に行われることが重要である。

　保育者の周辺にいる個々の幼児の興味や発達、関心を持って意欲的に取り組んでいる事柄を把握し、それぞれの幼児に対応していくことが大切である。しかしながら、指導計画は指導者の予想する仮設であり、実際に展開される生活によって変化していくものである。

　①計画的に指導を行うためには、発達の見通しや活動の予想に基づいて環境を構成すること
　②幼児一人ひとりの発達を見通して援助すること

　このような指導を展開するに当たっては、園の自然環境、園の遊具や用具、幼稚園全体の物的・人的環境に配慮し、構成することが望ましい。

　それぞれの園には、幼稚園における教育期間の全体を見通した教育課程があり、それぞれの園の教育目標に向かってどのような道筋をたどっていくかが示されている。

　教育課程は保育全体の系統性・一貫性を持つ教育の全体的な計画である。教育課程は、教育理念・保育目標の実現に向けて作成され、それぞ

表1◆A幼稚園の教育課程

	教育の指標	・恵まれた自然や多くの人々との触れ合いを通して、人間らしさの基礎を培う。 ・表現活動を通して個性を伸ばし、豊かな感性と創造力、表現力を育てる。		
	1年間の目標	第1期	第2期	第3期
3歳	・遊びを通して同年齢、異年齢の仲間と触れ合う喜びを知る。 ・生活・遊びを通して、自立および自律の芽をはぐくむ。	・園の環境に慣れ、身近な人(仲間や教師)に心を開く。 ・自由に自己発揮する楽しさを知る。	・友達とイメージを共有して遊ぶ楽しさを知る。 ・遊びを活性化し、みんなで充足感を味わう。	・イメージを共有して空想の世界に遊ぶことを楽しむ。 ・みんなで多様な表現活動を展開する。
4歳	・親と教師、教師と子ども、子ども同士の触れ合いを深める。 ・自分の思いを自由に表現できるようにする。 ・仲間意識をはぐくむ。	・幼稚園生活における基本的生活習慣を身につける。 ・緊張感をほぐし自己発揮する。 ・友達のいる喜びを知る。	・身体を思いきり動かして遊ぶ。 ・遊びの中で個々の力を発揮し、仲間と協力して活動を展開する。	・教師の援助によりみんなで共通の目標に向かう活動を通して個々の成長とともに仲間意識をはぐくむ。
5歳	・経験や活動を通して、創造力、思考力、表現力を培う。 ・主体的・能動的な活動の中で個々の育ちとともに集団としての高まりを育てる。	・年長組としての誇りと自覚を持って活動する。 ・共通の興味を持って生活を展開する中で個々の力を引き出し、仲間の広がりと深まりをはぐくむ。	・遊びの質を高め、思考力、表現力、豊かな感性をはぐくむ。 ・共通の目的に向かって各自役割を果たし、仲間と力を合わせて活動する。 ・個々の運動能力を高め、意欲的に活動する。	・共通の課題に対して見通しを持ったり役割を分担したりして取り組む。 ・進学への期待を持ち、文字、言葉、数への興味や関心を持つ。

れの園において行われる保育の柱としての役割を担っているといえよう。教育課程においては、大まかな要点のみが記載され、具体的な指導内容までは明記されていない。

　表1はA幼稚園の教育課程であり、教育の指標、年間の目標、各期の教育目標が示され、入園から修了までの教育期間を通じてその園で行

表2◆各月の目標（A幼稚園・3歳児）

第1期	4月	・園の生活リズムに慣れる。
	5月	・身近な素材で遊びながら自己表出する。
	6月	・身近な自然に関心を持ち、遊びに取り入れたり親しんだりする。
第2期	7月8月	・砂や水などを素材にダイナミックに遊ぶ。 ・家庭連絡を密にし、夏ならではの有意義な体験をする。
	9月	・みんなで造形的・身体的表現をしたり、競って遊ぶことの楽しさを経験する。
	10月	・いろいろな素材で表現することを楽しむ。
第3期	11月	・音楽的、身体的表現活動の楽しさを知る。
	12月	・物語の世界に浸り、いろいろな役になりきって遊ぶ。
	1月	・みんなで遊びに必要なものを作る。
	2月	・役割を分担して劇的な表現を楽しむ。
	3月	・進級への期待を持ち、飼育当番を引き継ぐ。

う教育のあり方や歩みが見えてくる。A幼稚園では、子どもの発達の過程により3期に分け、第1期を4月〜6月、第2期を7月〜10月、第3期を11月〜翌年3月としている。

またA幼稚園では、教育課程の中に、各月の教育目標も示している。**表2**は3歳児の各月の教育目標である。

これにより、3歳児の第1期では、園の環境に慣れる時期とし、身近な素材で遊ぶことや園の自然環境に関心を持ち、親しんで遊びに取り入れていくことを目標としていることがわかる。

第2期では、砂や水といった素材による身体全体を使った表現活動を取り入れたり、造形的・身体的表現を行っていることが読み取れる。表現素材の幅も広げ、いろいろな素材で表現することに取り組んでいる。

第3期では、いろいろな音やリズムを楽しんだり、遊びの中から生まれたお話や絵本などを通した物語の世界に浸り、ごっこ遊びをしたり劇

遊びを行ったりしている。またごっこ遊びが膨らんできたとき、イメージを共有し遊びに必要な物をみんなで作るということを目標にしている。

　各園では、教育課程によっておおまかな道筋を示しており、これに基づいて指導計画を具体的に編成していくこととなる。教育課程に沿って、それぞれの園の特色や地域の実態を考え、指導計画を立てることが大切である。

　また子どもの心身の発達を踏まえ、経験することが望ましいと考えられる生活や文化を精選し、保育全体を見通して組織的・計画的に行われることが望ましい。しかし、表現方法の指導に目を奪われて、幼児の表現意欲を減退させるようなことがないよう心がけなければならない。

2　発達をどのようにとらえるか

　指導計画の作成では、発達の理解が欠かせない。特に造形の分野では多くの研究者により描画表現の発達段階が研究されてきた。しかし、それらは年齢ごとの平均的な表現パターンであり、幼児を理解する際のおおよその目安でしかない。幼児期は発達

テープ状の紙を切る3歳児

の個人差が著しく、特に3歳児ではそれまでの生活経験により個人差が大きく現れる。入園した時から、はさみやのりなどの造形用具を使いこなす幼児もいれば、入園して初めて触れる子どももいる。はさみを使った活動では実情に合わせて、テープ状の紙を切り落とす遊びから始めるなどの配慮が必要だろう。

　幼児一人ひとりがどのようなことに関心を持ち、どのような材料に興味を持っているか、それまでの素材や用具とのかかわりを察しながら、発達の実状を理解し援助する必要があるだろう。

第2節　環境の構成

　「幼稚園教育要領」において、教師は「幼児の主体的な活動が確保されるよう幼児一人一人の行動の理解と予想に基づき、計画的に環境を構成しなければならない」（第1章　総則）としており、幼児が必要な体験を積み重ねていくことができるように、見通しを持って教育的に価値ある環境を計画的に構成していく必要があるとしている。

1　自然環境

　自然環境は、幼児の心にとって大きな意味を持つ。美しさや不思議さ、おもしろさに触れ、子どもは自分の感じたことを表そうとするだろう。1年間の大きな四季の流れを見通して園環境を整備したり、地域の公園などを利用して身近な自然に触れる機会を作っていきたい。

　最近では、地方の幼稚園であっても、自然環境を生かしきれていないと感じる保育者もいるようだ。自然があるかないかは問題ではなく、保育者が意識的に環境をどのように整えているのかが重要なのではないだろうか。

　園の環境によっては、自然に乏しいと感じる園もあるだろう。しかし、たった1本の樹木からも幼児はさまざまなことを感じ取っていることが、

1本の木でもさまざまな表現が可能

次の担任による事例より読み取ることができる。

〔事例〕冬の木
　冬の澄んだ空を背景に、すっかり葉を落とした大きな木は、日ごろ葉を茂らせている木とは違い、太い幹、両手を広げたように太い枝、そして小枝を四方に広げているこずえなど、たくさんの発見があった。庭に出て見上げたり、木の肌に触れて、さまざまな手触りの違いを感じたり、茶色く固い皮に包まれて春を待つ芽を、「ごめんなさい」とそっと手に取ってむいてみると、中には小さな花芽や葉の芽がじっと抱き合っているのを発見する。

　たとえ１本の園庭の樹木であっても、夏には子どもたちの日陰を作り、涼しい風を届けてくれる。秋には、贈り物として美しい落ち葉や木の実をくれるだろう。冬には、空まで伸びた太い幹と小枝を見上げたとき、澄みきった青空とのコントラストを見せる。その美しさに感動し、保育に取り入れていきたいと考えたという。眠っているように見える樹木にも、芽の中に春が息づいていることを発見させたいという願いから芽をむいて中の様子をみんなで確かめる。このような体験を通し、黒のフェルトペンを使ったダイナミックな表現が生まれたという。
　樹皮の表現は、触ったり、抱きついたり、じっくり観察したりすることを通して得られたものだろう。樹木に見られるたくさんの小さな生き物たち、樹木に集う鳥の表現から、日々の生活を通じて感じ取った幼児の気づきや発見を読み取ることができる。びっしりと描かれた花芽は、保育者の援助により行われた経験に基づいて描かれている。
　たった１本の樹木であっても、季節によってさまざまな表現活動が可能である。葉っぱを使ったスタンプ遊びでは、その葉脈のおもしろさに気づくだろう。砂場でのケーキ作りでは、葉や小枝を飾ろうとして使うこともあるだろう。落ち葉のお布団では、ふかふかとした感触を味わい、

落ち葉の香りに包まれるだろう。樹木をすみかとしている生き物を発見するかもしれない。

　四季折々の出来事や事象を通して、幼児が主体的に、どのような体験を積み重ねていくのか、保育者の援助が大切である。

落ち葉のお布団の気持ちよさ

2　材料や用具

　造形では、材料や用具を仲立ちとして、自分の感じたことを表現していくため、どのようなものを用意するか、保育者は十分配慮しなければならない。

　幼児の興味や関心は季節の変化であったり、活動の展開とともに変化していくものであり、造形表現においては適切な用具や素材、数量を工夫して配置する必要があるだろう。

　園でよく使用される用具として、画では、鉛筆（黒・色）、クレヨン、パス類、不透明水彩絵の具、墨汁、粉絵の具、ポスターカラーなどが挙げられる。幼児の興味や関心は季節の変化であったり、活動の展開とともに変化していくものであり、それに伴って、造形表現においては適切な用具や素材、数量を工夫して配置する必要があるだろう。幼児にとって、表したいという思いを思う存分表現できるように用具を選択し、適切な状態で準備することが大切である。

　絵の具の取り扱いにおいては、保育者は色の選択に注意しなければならない。紙の色との相性をチェックし、ぬたくりの場合は、混色したときでも心地よい色合いになるようにすることが望ましい。絵の具はあらかじめ保育者がかき心地を確かめ、幼児が意欲を持って楽しんで描けるよう配慮しなければならない。

　また、紙の形や色、大きさなどでは固定化されることがないようにし

かたばみの葉っぱ　　　　　　インゲン豆の発芽

たい。イネ科など茎が長い植物を描く際には細長い長方形の紙を用意し、ぐんぐんと伸びていく表現がしやすいよう配慮したり、小さな芽を描く際には長方形の紙を横長に使って発芽のリズム感が表現できるようにしてもいいだろう。連続性ある表現ならば、絵巻物ふうにすることでイメージを発展させ、一人ひとりに応じた紙の長さで表現することもできるだろう。保育者は幼児の興味、関心、意欲をより高め、創造性を豊かにするためのツールとして用具や素材の設定をしていくことが必要だろう。

　また八つ切りや四つ切の白い画用紙を目の前にすると、緊張して描けなくなってしまう幼児もいたり、材料・用具によって抵抗感を示す幼児もいるので、状況に応じた保育者の援助が不可欠である。

　近年では造形材料に対しアレルギーを示す幼児もいるため、保育者は用具や素材の使い方に関して基礎的な知識を持っておくだけでなく、安全について確認し、適切な対応をとらなければならない。

第3節　園生活と行事

1　指導計画における園行事の位置づけ

　現在、行事の中には古くからの伝統に培われ今日に伝えられているものと、現代の社会生活や園生活の中での必要性から行われるものとがあ

る。園において行われる行事は、大きく以下の4つに分けられるだろう。
　①園独自の行事
　②地域の行事
　③伝統行事
　④社会的行事
　園生活においてはさまざまな行事が行われており、毎月のように○○記念日として、それに合わせた造形活動を行っている園があることも事実である。しかしながら、行事によって幼児の生活や遊びの流れを断ち切ってしまったり、保育者自身が追い立てられたり、保護者のために行われたりするようであってはならない。
　行事を園生活に取り入れていく際には、どのようなねらいを持って行うのか、その行事が幼児の生活にとってどのような変化や潤いをもたらしてくれるのか考慮したうえで選択し、指導計画に位置づけることが必要だろう。
　遠足や運動会などの園全体として行う行事に関しては、年間指導計画に位置づけ、長期的な見通しを持って行うことが必要である。見通しを持つことによって、秋の遠足で拾ったどんぐりや落ち葉などを使った表現活動に発展させることができるだろう。
　また、かつてなら各家庭で行われていたような伝統行事を園で行うことで、次の世代に引き継いでいくという役割を園が担っていることも事実である。
　A幼稚園では七夕かざりを作る際には、課題として、配色を考える、折る、切る、つなげる、結ぶの5つを挙げている。現代の生活の中で結ぶ機会が乏しくなっているため、笹竹に結ぶという行為を大切に考え、ねらいの一つとして位置づけているという。真剣に結ぶひとときが子どもにとっても学びの一つになっている。最後に七夕飾りを燃やし、従来行われてきた七夕送りの意味を伝えている。
　七夕飾りを作るということを通して、幼児はきれいな配色を考えて並

七夕飾りの制作

べたり、はさみやのりなどの道具を使って、切ったり張ったりすることを経験するだろう。また七夕飾りの由来を知ることで、そのすべてを理解することは困難かもしれないが、生活体験を豊かにし、日々の生活の流れの中で節目となっていくだろう。

　幼児にとって、行事は、楽しく、喜びや達成感とともに、成長の節目となるようなものであってほしい。そのために保育者は、それぞれの活動を行うに当たっては幼児の発達の実情や地域の実態などに応じ、弾力的に行っていくことが望ましいだろう。

2　家庭・地域などとの連携

　幼児期の教育においては、園と家庭・地域による教育の連携が行われている。

　保護者に、保育に参加してもらい、ときには協力してもらうことは、保護者にとって幼児理解を深めるための手立てにもなる。また、小学校など地域とのかかわりを通して、豊かな体験をしていくことも大切である。いずれも、指導計画に位置づけて計画的に行っていくことで、幼児がより豊かな生活を送ることができるよう配慮しなければならない。

　次ページの写真は、幼児と小学校低学年の児童との土粘土の共同制作の様子である。この園の幼児にとって、土粘土は年少クラスから親しん

でいる素材である。土粘土は、可塑性に富んでおり、身体全体を使った共同制作にも、指先を使った細やかな表現にも適している素材である。

　造形表現を生かした幼小連携においては、楽しく一緒に作る、楽しく一緒に遊ぶという体験や、小学生の児童との交流を通してあこがれの気持ちが持てるよう、双方の教員が計画的に取り組んでいくことが大切である。

幼小連携による土粘土の共同制作

第6章
造形表現と保育環境

石田 敏和

よい保育環境とは、保育者自身が優れた感性を持っていることにほかならない。どのように恵まれた自然環境にあっても、保育者によって制作され記号化された絵による壁面を見て、子どもの創造性が豊かになるとは言いがたい。自然や生活の中から新しい発見があっても、保育者に受け止められる優れた感性がなければ、子どもの感性を高めることはできない。

第1節　保育者としての役割

1　子どもの造形表現活動

　子どもの「造形表現」活動においては、保育所保育指針における保育の内容「表現」や、幼稚園教育要領における5領域の、感性と表現に関する領域「表現」にあるように、造形活動とその他の表現活動が、明確に分かれているのではない。また、高度な専門的技術を習得して作品を作り、発表して芸術的価値や実用的価値が評価される、という目的のためでもない。子どもの日常生活の中で、「自然や人々など身近な環境とかかわる中で」、豊かな感性や、素材を生かした表現力を養い、創造性を豊かにするということである。

　したがって、保育者には、「素材や表現の手段の特性を生かした方法で」「素材や方法を工夫して活用できるようにすること」や、子どもが「自分の好きな表現の方法を見付け出すことができる」ようにするために「様々な表現の素材や方法を経験させる」ことが求められている〔文部科学省、2008〕。

2　保育者としての対応

　子どもは感じたことや考えたこと、伝えたいことを、造形活動によっ

て表現するが、年齢などによって現れる特徴があり、子どもの身体機能、認知機能、社会性の発達段階などを理解する手段にもなっている。しかし、子どもの置かれている環境、個人差などさまざまな要件によって違いがあり、できること、できないことが一律ではない。保育者は一般的な発達段階をよく理解したうえで、個々の子どもを把握し、子ども自らが喜んで造形活動を行うように促すことが重要であり、「特定の表現活動のための技能を身に付けさせるための偏った指導が行われることがないように配慮する必要がある」〔文部科学省、2008〕。

また描画の特徴から、描いた人の心を読み取ろうとする研究もあるが、これらの特徴が、どの子どもでも同じように必ず年齢ごとに順を追って現れるということではないので、安易に「発達が早い、遅い」などと決めつけたり、軽々しく子どもの心の状況の判断などをするべきではない。

第2節　保育者としての感性

1　「記号」としての絵

子どもは4、5〜7、8歳ころになると「図式期」といって、物と物との関係や空間を認識し表現できるようになり、伝えたいという意思をもって描かれた、記号（図式）的な絵を描くようになる。例えば王冠のように3つの三角で表す「チューリップ」、円と円を取り囲む三角と格子で表した「ひまわり」、

写真1　記号として描かれた「チューリップ」「ひまわり」「太陽」、空と地面を分けるために描かれた「基底線」

第6章◆造形表現と保育環境　83

またこの時期によく描かれる、赤い円に放射状の線での「太陽」などである。

しかしこの太陽は、太陽そのものを表しているのではなく、太陽という「記号」を使って「空」を表している。

「基底線」といって画面を横切る水平線を描くことによって、空と地面を分ける「しるし」にしたり「擬人化」といってすべての生物、無生物にも生命や人格があるという思いを表すために、太陽や樹木に目鼻を描くこともある（**写真1、写真2**）。

写真2　人間のように泣いている「擬人化」された木

これらの特徴は、子どもの発達のある段階に現れるものであって、これらの表現が「上手」「下手」といった評価の対象になるものではないことはいうまでもない。

2　保育者自身の造形表現能力

これらの記号的な絵は、4、5～7、8歳ころの子どもの造形活動に見られる特徴であるが、その後9歳ころからは「写実期」といって、描く対象を客観的に実物のように描こうとする時期がある。しかしこの時期の初めのころには、観察力や表現する技術も未熟なので、なかなか見た物を見えたように描けず、対象物の構造上矛盾のある不自然な絵になることもある。

物の形の成り立ちや「遠近法」などの描画の技法などを理解していない多くの子どもにとっては、物を写実的に描くことは難しい。例えば人物であったら、ゴムのように曲がった関節のない腕や、物を持っているのに開いたままの手、あるいは頭と胴と手足の長さがアンバランスであったり、左右が非対称であったり、肩ではないところに腕が付いてい

たりする。このように、対象にどれほど忠実に描かれているかがわかりやすいので、いわゆる絵が上手かどうかの判断にされやすい。これが、その後の絵を描くことへの意欲の喪失につながっていくことがある。

写真3　多視点描法

　保育者を志望する者の多くもまた、造形表現能力がこのような段階でとどまっていることが多い。例えば、高校での「芸術」の選択科目では、ほとんどが（もちろん「高校に美術の教師がいない。開講されていない」ということもあるが）、「美術」ではなく「音楽」を選んでいるのはこの現れである。

　そして「写実期」にも至っていない多くの者が、保育者を目指すのである。しかし子ども相手の「造形表現」だからといって、子どもと同じように、記号としての「チューリップ」や「ひまわり」、あるいは空間の理解や遠近が描き分けられないための「多視点描法」（**写真3**）というレベルで、どのように子どもの感性を高められるというのだろうか。「図式期」でとどまる者の再生産をしている恐れはないのだろうか。

　なおこれらの参考資料の絵は、子どもたちが描いたもので、子どもの造形能力の発達上、特に問題があるという絵ではない。保育者を目指す者が同じような絵を描いて壁面構成にしていると、子どもがそれを見てまた同じ絵を描き、さらにまた保育者が同じ絵を描き、ということが繰り返されるということが問題なのである。

　さまざまな園を訪問していると、ときどき、6月の壁面は「アジサイと雨とカタツムリ」、10月の壁面は「月とススキとおだんご」というような記号化された壁面ではない園に出会うことがある。そういう園は、どういう保育者なのだろうと期待が高まる。

　子どもにとってはさまざまな物を1つの視点で描くのはとても困難で

ある。ベッドとベッドに寝ている自分は上からの視点で描き、電灯と窓は横からの視点で、さらにベッドの脚は横からの視点で描き分けている。これを「多視点描法」という。

しかし才能に恵まれた大人が、意識的に「多視点描法」で描けば、ピカソ（Picasso, P. R. 1881〜1973）の有名な「キュビズム（Cubisme）」という一つの芸術に発展する。

3　保育者自身の感性

子どもの感性を高めるには、保育者の感性が豊かでなければならないことはいうまでもない。「幼児が生き生きと」「イメージを広げたり、深めたりして、心の中に豊かに蓄積していくには」「幼児の感じている心の動きを受け止め、共感すること」ができなくてはならない。

2008年度の『幼稚園教育要領解説』では、絵の具の色の変化がたとえられていて「例えば、絵の具の色の変化に驚いたり」とあるが、幼児と一緒に驚くことはできても、色彩の知識のない保育者は、どのように幼児を驚かせる絵の具の変化を作るのだろう。絵の具の色数が少なかったらどうするのだろう。知識もないままに絵の具を混ぜれば、混ぜれば混ぜるほど筆を洗うバケツの中の水のように、濁った灰色になってしまう。感性以前の基礎的な知識が必要である。

木の葉は緑色だが、葉の裏と表では緑色でも違いがあると気がついても、クレヨンのセットに緑系の色が1本では、描き分けることは難しい。晴れた空を見て、空は青いことは誰でもわかるが、頭上の空の青さと地平線に近い青では違いがあることに気がついても、やはり青が1本では描き分けるのは難しい。色彩に関する知識・技術のない子どもの場合、画材の色数によってその色彩に関する表現が制限されてしまう。

例えば、混ぜ合わせることが難しい画材で虹を描こうとした場合、虹の7色がそろっていなければ7色の虹を描くことは難しい。このように、子ども用画材の色数の少なさは問題で、多くの者が「図式期」でとどまっ

てしまっている要因の一つではないかと考えられる。感性の豊かさと色数の多さが比例するとは言わないが、豊かな感性を持った保育者を目指す者にとっては、重要なことの一つではないだろうか。

あつらえの絵の具セットではなく、必要と思われる色を選び、そろえておくことが望ましい。木の葉は「緑」としか表現できなかった子どもが、たくさんの「緑」系の色に触発されて、あらためて木の葉の色の多様性に気がつくこともある。

虹の7色が並ぶのに順序があることを知らなかった、という例もあった。虹の7色を言えないことは単なる知識の不足で調べればわかることであるが、順序があるだろうということさえ想像できないという感性は、いったいどのような美術教育によって作られたのだろうか。あるいは作られなかったというべきなのだろうか。

上記の木の葉のように、観察ではなく、概念によって記号化された樹木の特徴として、次のようなことが描かれることが多い（**写真4**）。

・樹木の幹がいつも「茶色」になっている。実際には茶色の幹の木はほとんどない。
・樹木の葉がすべてこちらを向いている。実際には太陽の光を浴びるために、こちらばかりに向いていることはない。
・樹木の枝が左右だけに伸びている。実際には手前にも向こう側にも伸びている。
・樹木の枝が先の方も細くなっていない。実際には太いまま伸びれば枝は折れる。
・木の幹の先端が太いままで終わっている。実際には幹も細くなっていく。

これらの概念を打ち破るの

写真4　概念で描かれ記号化した木

には、見たこと、感じたことを、上記のように一つずつ言葉にしてみるのもよい方法である。

この絵は、一枚の絵に多くの特徴が表れているので掲載したのであって、子どもの絵として、この絵が良い悪いということではない。

上記のようなことを気にもしないで、保育者が描いてしまうことでは、子どもの感性に気がつくことはないだろう、と考えられるのである。

第3節　制作時環境

1　造形表現活動の環境

幼児の「豊かな感性を養うためには、何よりも幼児を取り巻く環境を重視し、様々な刺激を与えながら、幼児の興味や関心を引き出すような魅力ある豊かな環境を構成していくことが大切」であり「幼児が周囲の環境に対して何かに気付いたり感じたりして、その気持ちを表現しようとする姿を温かく見守り、共感し、心ゆくまで対象とかかわることを楽しめるようにすること」が重要で、「自然や人々など身近な環境とかかわる」「日常生活の中で」、「育てられる」とされている〔文部科学省、2008〕。

「自然」環境が特に重視されていることがわかる。このことについて、著名な絵本作家のいわむらかずおは、「今子どもたちが、自然から切り離されていることが問題である」と、保育者を志す者に語っている〔福島学院大学保育科公開講座講演、2007年〕。この作家の絵本に出てくる動物は「擬人化」はされていても、記号化はされていない。それでも子どもたちは、記号化されていない動植物の登場するこの絵本が大好きなのである。子どもたちが記号化された動植物の絵に満足しているわけではないことが感じられる。子どもたちには記号化された絵で十分である、と言

えないことは明白である。

　また絵本の創作に当たっては、「身近な自然の中で生きものたちの生命の営みを見つめていると、そこには、美しさや不思議さやドラマがあふれていて、私の心を揺さぶります。その感動は、やがてふくよかな気持ちとなって、私の心の中に広がり、物語の世界への扉を開いてくれます」と、いかに「自然」環境が重要であるかを、いわむらは語っている。

　子どもの造形活動には、「描いたり作ったり飾ったりするほか、砂場や積み木での遊びなども、広く造形活動のなかに含まれる」。保育者が、造形活動に必要な素材や用具や道具などを、状況に応じて適切に取りそろえておくことは当然のことで、できて当たり前のことになるが、教育機関において、すべての素材を体験する時間はもちろんない。どのような状況でも、自分の頭で考えて環境を構成できるようになることが必要である。

2　保育者自身の創造性を豊かにするためには

　造形表現活動の環境の一部である、幼児の造形表現の素材の重要性については「色彩画材」を例に述べたが、ここでは保育者自身の創造性について考えてみる。

　創造性とは、新しい独自の考え方を言うことであり、「6月のアジサイ」や「10月のお月見」といった概念化され記号化された考え方ではない。

　「幼児の心の中への豊かなイメージの蓄積は、それらが組み合わされて、やがてはいろいろなものを思い浮かべる想像力となり、新しいものをつくり出す力へとつながっていく」〔文部科学省、2008〕とあるが、保育者自身の創造性を高めるのも全く同じ方法である。

　ここで「新しいもの」というのはどのようなことを言うのか。AとBという既にある物を、既存の組み合わせではなく、新しい組み合わせ方法、独自の組み合わせ方法で表すことをいう。

　また全く異質で、組み合わせることなど考えたこともない物を「糊＝

アイディア」を使って、無理やり組み合わせることをいう。この場合これを見た人が「無理やり」が納得できる「理屈＝糊」（あるいは「へ理屈」でも良いが）になっていることが必要である。納得できない場合には単なる妄想である。

　大きさを変えてみたらどうなるのだろうか、違う方向から見たらどう見えるのか、時間を加えてみたらどうなるのだろうか、と考えるのも良い方法である。

　組み合わせるものが少なければ、新しいものは出てこないので「豊かなイメージの蓄積」が必要になる。「6月」といえば「アジサイ」「カタツムリ」「カエル」「雨」しか蓄積がなく、良いアイディアもなければ、ありきたりの表現にしかならない。たくさんのイメージが蓄積されていることをよく「引き出しが多い」と言うが、毎日見るものを言葉にして言ってみたり、写真に撮っておいたりして、蓄積しておくことが重要である。また読書をして語彙（vocabulary）を増やすことや、映画などを見て、ものを見る視点を増やすことも良い方法である。例えば映画ではときどき、ヘリコプターで夜のビル街を上の方から撮影しているシーンがあるが、この視点などは、まさにサンタクロースの視点である。いつも建物を横から見ているだけでは、夜の空を飛ぶサンタクロースと夜のビル街を、さらにその上から見る、というアイディアが出ることはない。語彙が多い、視点が多いということは、絵の具の色数が多いことと同じく、表現の幅を広げるには大変に有効である。

　コンビニエンス・ストアのレジの近くに置いてあるカタログの、季節の商品の写真などは、季節感の先取りをしていて、プロのカメラマンの感性で撮影してあるので、1年間集めればとても役に立つ資料になる。例えばクリスマスケーキなどは、中を見せるために扇の形に切って、少しずらしてある。そのままよりおいしそうに見える。またケーキを飾る「ろうそく」なども、いまや一般の家庭にはほとんどないので、炎の色や形、ろうの垂れ方なども大いに参考になる。

図◆陥りやすい壁面構成の例

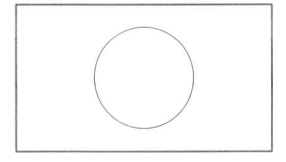

物を真ん中に配置する。 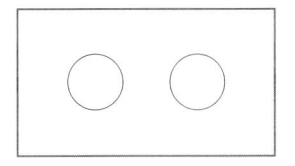　　　　　物を左右対称に配置する。

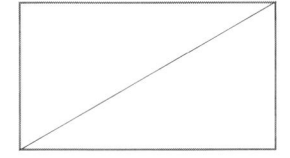

壁面を隅から隅への対角線で　　　壁面を真ん中の水平線で2等
2等分する。　　　　　　　　　　分する。

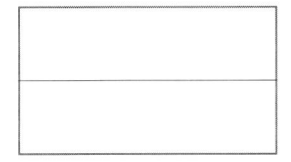

　ここで一例としてアジサイと雨という、一番ありきたりなものを違った方向から見てみることにしよう。普通に考えれば、アジサイの葉に雨が落ちて流れているところを表現するところだが、例えば窓ガラスに付いた雨粒を通してアジサイを見てみる。するとアジサイは、雨粒の曲面に沿って変形して見える。アジサイと雨の間に「窓ガラス」という「糊」を加えただけで、今までと違ったアジサイが表現できるようになるのである。

　また、子どもの作った物を飾ったり、壁面構成をするときに陥りやすいことは、「画面の角や真ん中に配置する」「左右対象に配置する」「物の大きさを同じにする」「画面を見るとき、視線の流れを誘わない」「物のバランスを考えない」「見せたいものが何かわからない」などである（上の**図**参照）。

　このほかにも多くの法則があるが、これだけでも避けて構成すれば、よい室内環境になるだろう。

第6章◆造形表現と保育環境

【引用・参考文献】
　　谷田貝公昭監修『造形』(保育内容シリーズ6) 一藝社、2004年
　　文部科学省編『幼稚園教育要領解説』フレーベル館、2008年
　　厚生労働省編『保育所保育指針解説書』フレーベル館、2008年
　　山村達夫「心の扉をひらいて―子どもたちの想像の世界」(まこと幼稚園)
　　　　Vol. 60、2008年

第 7 章

年間行事における幼児の表現活動

小島 香苗

日本のカレンダーを見ると、実に多くの行事があることに気づく。

この章では、園生活における行事の意味や役割について触れると同時に、年中行事と年間行事の違いや、行事における幼児の表現活動についての事例を提示し、考察していく。

第1節　年中行事と年間行事とは

1　年中行事

『大辞林』によると、「毎年一定の時期に特定の集団により行われる儀式・行事」、『年中行事事典』（三省堂）によると、「同じ暦日がめぐってくるたびに、毎年家庭や地域社会をはじめ、さまざまな集団によって繰り返される行事」と説明されている。また、毎年同じ日でなくても、同じ季節のほぼ同じころになると、決まって繰り返されるものであれば年中行事ととらえてよいといえる。

年中行事は、四季や自然と大きなかかわりを持っているものが多い。春には、作物がよく実るように神に祈る新嘗祭（にいなめさい）を、そして秋には、収穫の恵みを感謝する収穫感謝祭を行うなど、宗教的な儀礼が起源になっているようだ。

日本では、七夕・盆踊り・正月・節分など、実にさまざまな年中行事が行われているが、最近では、地域のお祭り（秋田の「なまはげ祭り」など）や母の日なども、年中行事と言われる傾向も見られる（**表1**参照）。

日本は四季がはっきりしていることもあり、世界的にも多彩な行事を持っている国である。アメリカは200年近くの歴史があるが、それに対して日本は約2000年という歴史を持っている。それほど長い歴史の中で文化伝統をはぐくんできているのであるから、日本での行事の持つ意味も奥深いものがあるといえよう。

表1 ◆代表的な年中行事

月	行事
4月	お花見・花祭り・稲荷際
5月	端午の節句・母の日
6月	衣替え・父の日・時の記念日
7月	七夕・海の日・土用の丑の日
8月	お盆・中秋
9月	十五夜・敬老の日・秋分の日・防災の日
10月	十三夜・運動会・体育の日
11月	酉の市・七五三・勤労感謝の日・立冬・文化の日
12月	大晦日・クリスマス・冬至
1月	正月・七草がゆ・鏡開き・左義長（どんど焼き）
2月	節分・建国記念日
3月	ひな祭り・お彼岸・春分

　カレンダーに書かれている赤い数字は、単なる休日や特別な日であることの印ではなく、日本人が長い歴史の中で育ててきた日本の民族性・神話などが混ざり合った、先人たちの知恵・願いのメッセージでもある。

　小学校には「生活科」「総合的な学習」という授業があり、その授業の中で、節分や七夕などの伝統的な行事にも触れることがある。するとときおり、感心するほど子どもたちがその意味についてよく知っている場面に遭遇することがある。例えば「節分には、鬼の嫌いなイワシの頭を用意するんだよね」などと言うので、子どもに聞くと、それらはすべて園での行事の中で学んできたものであった。

　幼稚園教育要領では「幼小の連携の強化」「多様な体験と体験間の関連性の重視」が取り上げられており、幼稚園と小学校教育との連携や、行事から得ることができる多様な体験の重要性を、ここでも確認することができる。

　年中行事では、先人たちの知恵や昔ながらの伝統を学ぶこともちろん大事なことだが、自然の恵みに感謝する心、昔ながらの知恵に共鳴する心、家族に対する思いやりの心、先祖を大事にする心など、年中行事を通して「心の豊かさ」をはぐくんでいけることが真の意味であると感

じる。この心を育てるためにも、季節感や日本の古来の行事に触れ、感受性豊かで吸収力の大きい幼児期が絶好の機会ではないだろうか。机上で学ぶのではなく、五感を使って楽しく受容できる幼児期のうちにこそ、ぜひ多くのものを体感させてほしいと願う。

　初めはただ行うのではなく、保育者は「どんな行事なのか」「由来」などをまず、幼児にわかりやすく教えてあげたい。そのための導入として、絵本やペープサートを使うことも一つの手段である（**表2**参照）。

　しかし、年中行事を楽しむために、その行事のおもしろいところだけのピックアップであったり、説明不足のまま一方的に保育者の考えを強引に推し進めたりするものであってはならない。例えば、節分のとき、保育者が鬼の面をかぶって「いま渡した豆で、この悪い鬼をやっつけよう！　先生は逃げるからみんなで豆を投げてね」などという言葉掛けでは、鬼＝悪いという価値観を幼児に押しつけることにもなり、なぜ豆を投げるのか、幼児はその意味もわからずに活動に至ることになる。

　園で「初めて」行事に触れる幼児が多いことから、できるだけわかりやすく、きちんとその意味や由来などを教えてあげたいものである。そのことによって、幼児も意欲や興味・関心を持って、その行事に取り組んだり、学んだり、楽しんだりできるように気持ちを持つことができるだろう。

　小・中・高と学年が上がるにつれて、授業時数も増え、学校の中での年中行事も減りがちになるのが現状である。また、核家族化・嗜好や娯楽の多様化・デジタル化などの影響を受けて、行事形態の変容も見られるようになってきている。だからこそ、園生活の中ではぜひ、ゆとりを持って豊かな行事体験ができるように、その環境を準備してあげたい。

　時代が変われば人々の生活様式もそれにつれて変わるのは自然な流れだが、伝統的な四季の行事は根強く残っているのが、日本文化の良いところと言えよう。「日本人の心」を育ててきた年中行事は、いつの時代でも伝えていきたいものである。

表2◆参考図書（導入として）

七夕	君島久子再話／初山滋 画『たなばた』福音館書店 舟崎克彦『たなばたものがたり』教育画劇 若山甲介／藤田ひおこ 画『紙芝居　なぜ七夕にささかざりをするの?』童心社 内田麟太郎／山本孝 画『ねがいぼしかなえぼし』岩崎書店 正岡慧子／松永禎郎 画『きつねのたなばたさま』世界文化社
端午の節句	内田麟太郎『ワニぼうのこいのぼり』文溪堂 岩崎京子／長野ヒデ子 画『ちいさなこいのぼりのぼうけん』教育画劇 まついのりこ『こいのぼりこびとのおはなし』童心社 間所ひさこ／黒井健 画『ころわんとこいのぼり』チャイルド本社
お月見	中川ひろたか／村上康成 画『おつきみうさぎ』(ピーマン村の絵本たち) 童心社 彩樹かれん『うさぎのダンス』ひさかたチャイルド いわむらかずお『14ひきのおつきみ』童心社
正月	ねぎしれいこ／吉田朋子 画『おせちのおしょうがつ』世界文化社 わたなべあや『おせちいっかのおしょうがつ』佼成出版社 松野正子／ましませつこ 画『おしょうがつ』教育画劇 渡辺有一『もみのき山のお正月』佼成出版社
ひな祭り	神沢利子／岩村 和朗画『のはらのひなまつり』金の星社 こいでやすこ『もりのひなまつり』福音館書店 内田麟太郎／山本孝 画『わたしのおひなさま』岩崎書店 寺村輝夫／いもとようこ 画『ぼくやってみるよ』あかね書房

2　年間行事

　年間行事は、その園で年間を通して行われている全般的な行事ととらえてよいだろう。園の行事には、年中行事、体育行事（運動会）、文化行事（劇・遊戯・遠足）、儀式的行事（入園式・卒園式）、健康安全行事（避難訓練・内科検診）、園独自の行事（誕生日会）などがある。その他、地方に根ざした特色ある行事や、キリスト教や仏教など宗教色を持った園での特別な行事もある。

　遠足、運動会、お遊戯会、誕生日会と、園ではさまざまな行事が毎年のように繰り返し行われている（**表3**参照）。行事は、園生活を送るう

表３◆ある園の年間行事計画表

4月	始業式・入園式・遠足・内科検診
5月	花祭り・母の日参観・避難訓練
6月	親子触れあいの会・父の日参観
7月	七夕会・お泊まり保育・盆踊り大会・終業式
8月	ホームカミングデイ・夕涼み会・夏期保育
9月	始業式・敬老の集い・遠足・入園説明会
10月	消防署見学・運動会・芋掘り・ハロウィンパーテイー
11月	保育参観・勤労感謝の集い・観劇会・歯科検診
12月	しいたけ狩り・クリスマス会
1月	もちつき・給食バイキング・たこ揚げ大会
2月	節分・ひなまつり会・制作展
3月	個人面談・お別れ会・卒園式・修了式・一日体験入園

えで彩りを添えるだけではなく、子どもたちを大きく成長させる機会ともなりうるのである。

　毎日の保育は、それぞれ子ども一人ひとりに応じた、地道な取り組みの積み重ねであるが、行事では、ダイナミックな取り組みが可能となり、子どもたちにとっても、ふだんの生活とは異なる体験ができる楽しみがある。また、子どもたちが日ごろ蓄えた力を発揮し、飛躍できる場にもなるだろう。

　しかし「毎年行っているから」などと、計画性のないまま年間行事に組み込んだり、出来栄えに過重な期待をし、子どもの負担となるような過度な練習プログラムを計画したりしてはならない。

　幼稚園教育要領には、「行事の指導に当たっては、幼稚園生活の自然の流れの中で生活に変化や潤いを与え、幼児が主体的に楽しく活動できるようにすること。なお、それぞれの行事についてはその教育的価値を十分検討し、適切なものを精選し、幼児の負担にならないようにすること」（第３章第１、２(4)）と記載されている。行事は、幼児の日常生活

に変化や潤いを与えるものとされ、そしてまた、結果が大事なのではなく、その行事に至るまでに体験するさまざまな活動こそ、幼児の活動意欲を高めたり、幼児同士の交流を広げたり深めたりするうえで、重要視されるべき点なのである。このことを踏まえ、行事を選択するに当たっては、長期の指導計画を念頭に置いて、幼児の生活に即して必要な体験が得られるようにしたい。

制作活動

3　行事における留意事項

(1) 幼児のモチベーション

　行事においては、保育者が「見せよう」とするのではなく、幼児自身が「見せたい!」という意欲が持てることが大事なモチベーションといえよう。そうした幼児の思いが、逆に行事を「作る（創る）」こともある。例えば、ひな祭りの人形を作っているとき「この人形で劇をしたい。それを家の人に見せたい!」という幼児からの希望があれば、それが予定されていなかった行事になりうるのである。

　また、活動の指導に当たっては、幼児が行事に期待感を持ち、主体的に取り組みながら、喜びや感動、達成感を味わうことができるように配慮する必要がある。そのためにも、幼児の自主性やひらめき、創造性などを最大限に生かせるよう、日ごろの幼児とのかかわりが大切であり、基盤となることを覚えておきたい。

(2) 保護者との連携

　行事のときには、事前に保護者に説明を行い、ねらいや意図、劇などの配役の決め方や指導の方針などを明確にしておいた方がよい。また中

間報告として、今現在行っている取り組みや練習状況、プロセスの中で幼児が乗り越えた困難・成長などについても、園（クラス）通信などで触れておくと、保護者としても、行事当日、出来栄えだけにこだわらず、行事を通しての幼児の成長を感じ取ることができよう。

(3) PDCA サイクルで

　行事が終わったらやりっぱなしにせず、その行事のフィードバックが必要である。その際は、計画（Plan）→実行（Do）→検証（Check）→改善（Action）のPDCAサイクルを振り返りながら、実態に沿って、幼児にとってより良いものにしていけるよう努力をしたい。そのことによって、園にとっての年間行事もよりしっかりとしたものに構築されていくだろう。また、行事を通して、幼児自身や友達が思わぬ力を発揮することに気づいたり、遊びや生活に新たな展開が生まれたりすることがある。行事はあくまでも、ゴールではなく通過点なのである。

第2節　行事における子どもの表現活動

　行事の中で、ふだんの保育ではなかなか見られない幼児の成長をかいま見ることがよくある。そうした成長と、どのような過程で保育者がその表現活動に携わってきたかについて、いくつかの事例を紹介しながら考察していく。

1　年中行事における表現活動

〔事例1〕節分の鬼のお面制作（年中児29名）

　＜ねらい＞

　・節分という行事に触れ、意味を知る。

　・お面制作を通して、自由な表現を楽しむ。

＜準備＞

節分の紙芝居・牛乳パック（洗って開いたもの）・クレヨン

＜方法＞

導入として、節分の紙芝居を読み、節分の話をする。

節分

その後、クレヨンで自由に鬼の絵を描く。そして、余分な部分を切り取り、輪ゴムをつけ、お面の形にする。

＜実践＞

まず節分の紙芝居を読んで聞かせ、節分の話をする。

T「みんなの心の中の鬼を追い出してみよう！ 先生の鬼はね、朝寝坊鬼だよ」

すると、幼児はそれぞれ自分の中の追い出したい鬼を考え始め、牛乳パックを開いたものに、自由に鬼の絵を描き始めた。

そこで、もう一つ質問を投げかけてみた。

T「みんなは鬼を見たことある？」

C「ないよー」

T「先生も見たことないんだ。だからね、鬼が何色で角が何本あるのか知らないんだ」

すると、子どもたちが思いついたことを次々と発言するようになり、角がたくさんある鬼や、七色の顔の鬼、目が１つしかない鬼など、多種多様な鬼がたくさん出来上がった。

＜考察＞

節分は春を迎える前に、邪気を払いのけるという意味もあり、それだけ昔の人は春を心待ちにしていたのだと思われる。

子どもたちにとっても、進級を心待ちにするこの季節。お兄さん、お姉さんになる前に、心の鬼を退治しようとみんなで話し合い、大人の固

定観念にとらわれることなく、自由に表現する場面を目の当たりにし、ときには自由な発想での表現を引き出すことも大切であると感じる。

〔事例2〕七夕制作（年中児29名）

＜ねらい＞

・七夕の意味を知る。
・みんなで協力して制作をする楽しさと難しさを味わう。

＜準備＞

七夕のお話・折り紙・のり・はさみ

＜方法＞

導入として、七夕のお話を読み聞かせ、七夕や星空にイメージを持たせる。その後、織姫と彦星が会えるように、みんなで笹飾りを作ろうと話す。長い長い輪つなぎをみんなで作る。クラスを2チームに分け、どちらが長い輪つなぎを作れるか競争する。

＜実践＞

チーム戦にしたことで、子どもたちみんなのやる気に火がついたようだ。折り紙を持ってくる子、のりを上手に使い次々と輪つなぎを作る子、お友達同士の輪つなぎをさらにつなげて長くする子、できた輪つなぎを部屋中に伸ばして遊ぶ子など、自然と役割分担ができる中、のりを使うのが苦手なK君も、お友達に「のりは少しでだいじょうぶ」とアドバイスを受け、ゆっくりだが一つ一つ丁寧につなげていた。

長い輪つなぎが出来上がり、「織姫と彦星から見えるかな？」とうれしそうに話していた。

＜考察＞

個々の表現も大切だが、みんなで協力することで新しい発見があったりする。仲間と一つの目標に向かってがんばること、それを楽しむことで新たな意欲も生まれてくると感じる。

2　年間行事における表現活動

〔事例3〕お遊戯が嫌いな年長児Y君

　年中からの持ち上がりの年長児のクラスに、Y君は5月から、2つ年下の弟のS君と共に途中入園した。

　Y君は、すでに友達関係が出来上がっているクラスに、自分からかかわっていくことがなかなかできず、弟のS君と遊ぶことが多かった。

　毎日行うみんなとの体操やお遊戯にも戸惑い、離れたところで見ていたり、違う遊びをしたりすることが多く、その度に声掛けをし、輪の中に誘い入れようとするのだが逃げ出してしまう。

　そんなY君が「ダンスは嫌い」と保育者に訴えてきた。

　入園して間もないので戸惑うのもしかたないと、Y君が楽しそうだな、やってみたいなと自分から輪に入ろうと思うまで、様子を見ることにした。そして、まずY君がクラスのみんなと仲よくなることを一番に考えるようにした。

①Y君の好きなものを探す

　Y君は、ウルトラマンが大好きで、絵を描くときは必ずウルトラマンを描いていた。その絵をみんなに見せてたくさん褒めると、ウルトラマン好きの子どもがY君の周りに集まってきた。

②Y君の得意なことを探す

　「製作活動が得意なこと」「給食を残さず毎日食べること」などについてたくさん褒めると、みんなからもそう思われるようになった。

③友達を作る手助けをする

　Y君をみんなとの遊びに誘ったり、「誰と仲よくなりそうかな？」と女の子たちに相談したりしてみると、T君の名前が挙がったので、T君を隣の席にしてみることにした。

＜考察＞

　1学期の終わりころには、体操には参加するようになった。友達との

かかわりも増え始め、保育者にも甘えられるようになってきた。お遊戯にはまだ参加しないが、みんなの近くでお遊戯を見ているようになった。
　友達や保育者との距離がさらに縮むようになれば、いつか楽しそうにお遊戯を踊ることができるのではないかと期待している。

〔事例4〕「劇遊び」（年中組30名〕

　園内で行うクリスマス会に向けて、クラスでどんな発表をするかをみんなで話し合った。
　T「合唱・合奏・劇のうち、どれがいいかな？」
　C「劇がいい！」
　ということで、どんな劇がいいか話し合ったところ、シンデレラや赤ずきんでは、男の子の出番が少なかったり、登場人物が限られたりするということで「大きなかぶ」に決まった。
　いざ、役を決めるとき、おじいさん・おばあさん・孫娘・犬・猫・ねずみと挙手して決まっていく中、まだ半分の子がどれにも手を挙げていなかった。
　T「何の役をやってみたいの？」
　C「カブ!!」
　カブは、小道具として作ろうとかってにイメージしていたので、その発想には驚かされた。しかも、半分の子がカブを希望していたとは驚きであった。
　ちょうど、運動帽が緑色だったので、カブ役の子は帽子をかぶり、みんなで円陣を組む形の大きなカブが出来上がった。

＜考察＞
　子どもたちと話し合いをするときは、保育者のかってなイメージを押し付けてはいけないと強く感じた。劇の配役などを決めるとき、聞き役に回り、子どもたちからの意見を引き出していくことが大切だと再認させられた。

〔事例5〕「お遊戯会に向けて」(年少児20名)

　秋に行うお遊戯会で20人の年少児を2グループに分けて、1曲ずつお遊戯を踊ることになった。グループを分けたり曲を提示したりする前に、自由遊び時や昼食時に、さりげなくその音楽をかけて数日過ごした。踊ることが大好きなSちゃんは、曲がかかると自分なりの振り付けで踊るようになった。それにつられてTちゃんやYちゃんも加わり、楽しそうに踊っていた。

　その振りを実際のお遊戯の振りに入れると覚えも早く、歌を大きな声で歌いながら練習するようになった。お遊戯会が終わっても「先生、曲かけて」とせがみ、繰り返し踊っていた。

＜考察＞

　お遊戯会が初めての年少児だったので、まずは「みんなで楽しく踊る」ということをねらいとして取り組んだ。子どもたちから自然に出てくるものを大事にし、それを認めていくことで自信や満足感につながっていくようであった。

〔事例6〕「合唱」(年長児30名)

　園内で毎月行う歌の発表会で、「富士山」を歌うことになった。抑揚をつけて歌ってほしいと思い、歌を教えるときに、情景が頭に浮かびやすいように黒板に絵を描きながら、絵かき歌のようにして教えることにした。

　すると、そのとき歌っていた違う曲について、Nちゃんが「先生、ここは悲しい歌詞だから、悲しい気持ちで歌ったほうがいいと思う」と言ったため、みんなにそのことを伝えると、それぞれが感じたことを話し始

めた。そこで「富士山は、どう歌ったらいい？」と聞くと「富士は日本一の山のところを一番強く歌おう」という意見が出た。その後も新しい歌を歌う度に、みんなで考えるようになった。

合　唱

＜考察＞

　一つきっかけを作り、子どもの意見に共感し、みんなで認めていくことで、ほかの子たちも認められたいという気持ちが芽生え、みんなで考えていくということができるようになるのだとあらためて感じた。

＜事例提供：弦巻久美子（幼稚園教諭）＞

3　幼児の表現活動を引き出す工夫

表現とは、自分の思いや考えを表出する行為である。例えば、その思いを絵や工作で伝えたり、言葉で伝えたり、音楽で伝えたり、身体で伝えたり、その方法はさまざまである。

　表現活動は「見てほしい」「わかってほしい」という他者を意識して行うものであったり、無意識のうちに自分の興味や関心を表出させたりするものである。比較的時間的にも余裕がある日常の園生活の中では、そうした個々の表現活動を、保育者はゆとりを持って尊重し、伸ばしてあげることができる。しかし行事になると、「仕上げの期限が迫っている」「時間がない」「保育者主導のほうが楽」などという背景から、幼児を強引に動かしてしまうことが見られることも多い。

　一人ひとりの表現力を伸ばすことは、安易なことではない。名画や名曲と呼ばれるものを与えることが、もちろん豊かな表現力を身につけることには決してつながらない。

　子どもの豊かな表現を引き出すためには、幼児の生活経験・環境を

豊富にし、感動的なものにしていくことが大事である。五感で感じ、それを心で感じた経験を内面にたくさん蓄えていくことで、個々の表現力とつながっていくと考える。その日々の積み重ねを基に、仲間たちと協同して、行事という機会にそれらを意欲的に発揮することができたら、どんなにすばらしいことだろうか。

ぐるんぱの制作

　行事の主人公は「子どもたち」である。そのためにも、保育者は、行事一つ一つを計画するうえで、十分に議論し、系統的に組み立てていけるように検討する必要がある。そしてまた、行事という機会の場で、幼児の表現力を最大限に生かせるよう、日常生活の中で、保育者はいつも幼児の様子や思いにアンテナを立てていてほしいと思う。

【引用・参考文献】

　　永田久『年中行事を「科学」する―暦のなかの文化と知恵』日本経済新聞社、1989年
　　谷田貝公昭ほか編『チルドレンワールドⅡ』一藝社、1999年
　　高橋司ほか『年中行事なるほどBOOK』ひかりのくに、2003年
　　すとうあさえ『子どもと楽しむ行事とあそびのえほん』のら書店、2007年
　　味元敬子ほか『大図解 年中行事コツのコツ』(全4巻) リブリオ出版、2007年
　　森上史朗ほか編『保育方法・指導法の研究』(新・保育講座) ミネルヴァ書房、2001年
　　無藤隆ほか編著『保育の実践・原理・内容―写真でよみとく保育〔第2版〕』ミネルヴァ書房、2009年

第8章
触覚を通しての表現活動

相澤 久徳

幼児期の成長の中で園での生活は、表現感覚をすなおに身につけることができる大切な時期である。乳児期から幼児期への環境の変化の中で、子どもが学ぶ感覚表現の成長は大きく、触覚の中から学ぶ影響は、その後の精神的な成長に大きな影響を与える。この章では、幼児期の表現力に強い影響力を与える保育士のかかわり方について述べてみたい。

第1節　環境の変化と表現活動の広がり

1　成長と環境の変化

　家庭の中での親との親密な関係から、子ども自身で考えた行動に変わっていく幼児期は、表現活動においても大きく変化し成長していく大切な時期である。親と一緒に遊び、それまでに身につけた感覚、経験を、子ども同士の遊びの中で表現し、共同生活という新しい環境・経験の中でお互いに影響し合い、新しい感覚を身につけていく。
　幼児が大きく成長し表現感覚を身につけていくこの大切な時期にかかわる保育者の影響は大きい。また、それぞれ違う家庭環境で育った子どもたちに対する保育者の対応によって、大きく左右されることになる。家庭の中や親との関係による影響の大きさや、表現活動の中に出てくる子どもへの対応ということをしっかりと考えなくてはいけない。環境が変わり、園の生活の中で子どもが自由に表現を始めたときに、親も保育者も子どもの表現に対する感覚を理解し、子どもの成長の大きさと変化に対応し、子どもと一緒に成長していくという気持ちが必要である。
　感受性が豊かで感性を育てるこの時期は、子ども自身が個人の成長の中で他人とかかわり、さまざまな表現や感覚を見いだし、感じ取り、自分の経験として積み重ねていく大切な時期なのである。無駄や危険をなくすために大人の考えを押しつけ、先回りをしてしまっては、自分を表

現する機会を奪ってしまうことになり、精神的に押さえられた状態になってしまう。自分が考えた自由な遊びの中にこそ、経験としての表現の楽しさがあるのである。

2 表現感覚の成長に対する手助け

　この時期に新しい環境の中で経験し、集団生活の遊びの中で楽しみながら身につけていく幼児の表現感覚というものは、子ども本人が意識していないだけ純粋に感覚として身につき、その後の成長に大きな影響が出てくる。また、幼児期の触覚を使った遊びによる感覚の発達は、表現するということだけではなく、この時期特有の遊びにのめり込むという行動から、自己表現に対してのこだわりや欲求、集中力が身につき、その後の小学校以降の教育の中で授業に対しての集中力へとつながる。遊びの中で自然に身についた集中力は、親や保育者から言われたものではないので、しっかりと本人のものとなり、その後の学力へも影響が出てくる。

　保育者は、このような大事な時期にかかわるという意識をしっかりと持ち、保育環境の中で子どもに与える影響を考え、指導していかなければならない。保育者自身が表現に対しての経験が少なく、子どもが表現した物に対しての反応が乏しければ、せっかく楽しみの中で見つけた表現活動への興味をなくしてしまうことにもなってしまう。小学校や中学校、高等学校での図画工作や美術教育においても、この時期の保育環境の中で身につけてきた表現感覚や集中力の影響は大きく、本人の作品表現の中にも強く影響が現れている。保育者が、子どもの表現活動に自信を持たせ、表現感覚をしっかりと身につけられるよう手助けできる大切な時期なのである。

第 2 節　幼児期の五感の発達

1　幼児期に形成される表現感覚

　幼稚園や保育所の中で子どもたちは、友達や先生とのかかわりの中で個人がそれぞれ新しい感覚を発見し、身につけ、表現しようとしていく。大人でも新しい物を手に入れたときには「わくわくした感覚」があると思う。子どもは新しい物、新しい感覚を身につけることに対しての欲求が大きく、新しい環境の中で今までとは違う表現活動をしようとさまざまな行動をし、繰り返す中で身につけていく。心の中に出てくる自己表現したいという感情を、あらゆる物を使って表わそうとするのである。

　この時期の幼児の想像力豊かな創造性に富んだ行動に対して、保育者本人がさまざまな表現の経験をしておかないと、対応に苦慮をしてしまうこともある。自由奔放に表現活動していく幼児の行動に対して、しっかりとした助言を与え、幼児の楽しみの中に表現感覚を身につけさせるためにも、保育者自身が表現に対する興味と物に対する観察力を身につけておく必要がある。また、保育者から言われたことに純粋に反応するこの時期の子どもの感覚表現を大切にし、保育者が幼児個人の表現に対して柔軟な対応と行動をとらなければならない。

　音楽やスポーツなど、あらゆる専門的な職業の世界で言われているように、幼児期に身につけた感覚というものは、その後の表現活動や精神的な成長に大きく影響している。これは、幼児期における身体的な成長

あらゆる場所が表現の場

と脳の発達が関係する。幼児期の頭部の成長は、他の身体の成長に比べて大きく、表現感覚や感性等の吸収力が最も大きいからである。このように、この時期に直接触覚として感じ取り、自分を表現するという経験をすることは、大きな意味を持っている。

2　表現感覚を知識として身につけることはできない

　自由に表現活動をしている幼児も、言葉の意味をしっかりと理解し行動するようになると、表現活動に対して言葉で意味を考えた行動をするようになる。幼児期は、表現活動に対しての抵抗感がなく、純粋な感覚表現ができ、その自由な行動の中から自然に表現の仕方を身につけることができる時期である。この時期に、さまざまな物を触ることから直接感じ取り、また表現をすることは、その後の感性の発達にとっても大切である。

　子どもが触覚を通して感じ取ったもの、あるいは表現や観察の中での発見は、言葉では説明のできない感覚的なものであり、子どもにとって大きな感動を伴うものである。その感動を子どもたち一人ひとりがさまざまな表現方法を通して、保育者の反応を求めてくる。そこでの保育者の対応は、とても重要になってくる。

　保育者は、自らが常に新しい感覚的な経験を積み重ねる中で、幼児のさまざまな表現に対しての助言や指導の方向性を真剣に考えていなければならない。保育者の言葉に子ども自身が反応し、新たな発見を導き出せるような対応が必要である。純粋に表現を楽しむことができるこの時期に吸収される幼児の感覚というものは、その後の成長の中での表現活動、情操教育、あるいは物事に対する集中力を培ううえで影響が大きい。自分で感じ取る感覚というものは、説明をしてわかるものではなく、本人が自ら求めて身につけていくものである。

　しかし、すなおに感覚として吸収できる幼児期を過ぎてしまうと、文字を覚えることや各マスメディアからの情報、友達関係の影響が強くな

り、本人の感覚としてではなく知識として吸収してしまい、純粋に感覚として身につかなくなってしまう。そういう意味でも、この時期にかかわる保育者の影響力は大きいのである。

第3節　触覚表現としての「泥だんご」

1　触覚表現を楽しむ

　泥の感触を直接手から感じることは、子どもにとって大きな喜びである。自然の中で自由に遊び、土に触れ、感触を楽しみながら自分の宝物として制作する泥だんごは、恐らく自分一人の感覚だけを頼りに、形として表現する初めて経験ではないだろうか。自然と触れ合い触覚を楽しみながらの制作では、子ども本人の持っている感覚を使い、制作のしやすい泥の種類や水分、手に伝わる硬さや軟らかさなどを感じながらの制作となり、完成時の表面処理に至るまで自分が持っている五感を身近に感じながら完成させていくことになる。触覚や視覚を使い、今までにない感覚の中で形を作り出す楽しみを知るのである。

　形態的には単純で表現しやすい形であるため、作ろうとする形にはっきりとした目的を持つことで、物を作るという感覚が身についていく。泥だんごの制作は、何か形態を作り出し表現をしようとすると構えてしまい立体表現をするのが苦手な子どもにとっても、楽しみの中で触覚感覚をつかむことができ、完成に対しての達成感を感じることができる、身近な作品制作で

泥だんご遊び

ある。

2　共通の目的の中からのコミュニケーション

　この泥だんごの制作は、出来上がったものに対して誰もがわかり合える完成に対してのイメージがあるので、お互いに見比べ話し合い、影響し合いながら制作を続けることとなる。制作の中では触覚感覚だけではなく、形に対しての視覚的な感覚や、完成されたもののイメージを想像する感覚など、さまざまな感覚を使うことになる。また、泥だんごを作り、仕上げていく段階で他の泥だんごとの比較からコミュニケーションも生まれてくる。

　単純な作業の繰り返しではあるが、出来上がったものの違いが見えやすいので、完成度の高い泥だんごを作った幼児に対しての制作方法の質問や、きれいに出来上がったものに対してのあこがれが生まれてくる。また、完成度の高い泥だんごを作った幼児の心の中にも、表現することへの自信が生まれ、その自信の中から次の表現活動への意欲も出てくるようになる。単純なものであるが故に、幼児一人ひとりが完成度を上げるために興味を持ち、楽しみながら作ることで、触覚感覚を高め、身につけ、感性を磨いていくこととなる。

　また、友達と同じものを作ることで、制作を楽しみながら複雑なコミュニケーションをとり、説明するという会話力や、教えるといった思考力が身につき、社会性を発達させるためにも役立つのである。

3　達成感・満足感が次の表現活動につながる

　泥だんご制作の特徴として、泥を丸めただけのものや、布などで磨き、表面に光沢を出して完成度を上げたものなど、表面処理による表現の差というものもある。制作に使用する泥の種類によっても、表面に出てくる表情は変化する。泥の種類や、水との混ざりぐあいなどを自分の感覚に合わせて作ることによって、物を完成させることから得られる達

成感や高揚感、自分で作った物の手触りなどを十分に味わうことができる。一つの作品を仕上げ、完成させることで得られた満足度というものは、必ず次の作品、あるいは創造性の中で、物に対してのこだわりや集中力につながる。経験の中で感覚として身についたものは、忘れることなく本人の感性として持ち続けていく。幼児のこの時期の作品制作に対する気持ちや達成感は、小学校から続く美術教育での絵画や立体作品の制作への興味へとつながるものである。

　泥だんごによって子どもたちが興味を持った感触による表現をつなげるために、保育者がさまざまな素材を利用し、触覚を使った遊びを取り入れることもよいであろう。例えば、綿や毛糸など柔らかいものを糸で巻き形を作る、段ボールや厚紙を水に溶かし紙粘土のように扱ってみる、あるいは新聞紙を丸める、ちぎってまとめる、張り合わせるなど、さまざまな素材を工夫することで感触の違いを感じ取ることができる。

　また、比較的扱いが簡単で触感の違いが感じられる皮細工など、専門的な素材の導入も考えられる。素材の工夫しだいで、楽しみの中で触覚感覚を育てることができる。子どもの触覚表現に対する欲求は際限がない。実際に触れることが大切なことであり、遊びの中で感覚は育っていく。保育者も、芸術的な専門知識はなくとも、知ることと経験の中で何かを感じることとは違うということを理解し、自ら進んでいろいろな経

友達との遊びを楽しむ　　　　　　皮細工による作品例

験を積むことが必要である。

　泥だんごの制作後に、紙粘土などによる作品制作を幼児に対して行う場合でも、感触や表現の違いを味わい、立体作品の制作へ抵抗なく入っていけることにもなる。しかし、幼稚園などで繰り返し使用することができ、扱いの簡単な粘土として使用されている油粘土については、手に伝わる触感やにおいから抵抗感を持つ子どもも多く、成長してからもその油粘土の感触を粘土に対して持ってしまっていることがある。

　現在の小学校、中学校美術教育において、粘土による塑像教育はほとんど行われておらず、大学生になって「粘土に触るのは幼稚園以来だ」という学生も多い。触覚として影響の大きな時期だからこそ、保育者の手間はかかるであろうが、土の粘土を使用することが感覚を育てるためにも望ましいという思いがある。触覚感覚を育てる大切な時期に不快感を与えてしまっては、せっかく感触を楽しみながら制作することに興味を持った子どもに対して、好奇心を持たせることができなくなってしまう。触覚表現で表現力を身につけるためには、手触りの良さも重要である。

　また、ここで保育者が注意しなければならないのは、泥だんごの出来栄えや個人の感性を子ども間で比較してしまうことである。個人の表現行為には得意・不得意、立体表現の上手な子、絵を描くのが上手な子など個人差があることを理解し、指導の中で表現に対して発展性のある言葉を使わなければならない。「上手だね」「良くできているね」だけでは子どもの興味をつなげ、自己表現しようとする欲求を刺激することはできない。重要なのは、保育者の観察力や経験から来る実感としてのアドバイスである。「ここをこんなふうにしたらどうだろう？」「ここはこうしたほうがもっと良くなるね」「こんな楽しみ方もあるよ」など、子どもが変化を実感できるような方向に向けさせる必要がある。個性を見極めた適切な助言によって変化を実感できた子どもは、その表現の変化を自分のものとして身につけていく。個人が感覚の成長として実感した表現の変化が次の表現へとつながり、表現活動を楽しみながら集中力へと

つながっていく。

第4節　発想を楽しむフィンガーペインティング

1　指で色彩を楽しむ

　指や手に伝わる触覚や視覚を使って表現する感覚を育てることができるフィンガーペインティングは、自分の手を使って直接平面作品を制作し触覚感覚を十分に発揮できる重要な表現方法である。

　具体的な対象を表現するというのではなく、手のひらや指、爪など、さまざまな部分を使うことで模様などを作りながら、また楽しみながら色彩表現ができる表現方法である。フィンガーペインティングは、この時期の幼児に刺激的な好奇心をかき立てるものであり、指や手から直接絵の具の感触を感じ、さまざまな色から色彩を楽しみ、自由に表現できる。また、泥のような感触の抵抗感の中で、指先を使いながら色彩による視覚的な感覚を楽しむことができる。フィンガーペインティングに対しての幼児の感じ方、表現の楽しみ方というものも、保育者の導き方によってその影響も変わってくるので、子どもの遊び感覚の中での自由な表現に対して、保育者自身が子どもの表現に興味を持ち、楽しみながら接していくことが大切である。

　筆などで表現する場合と違い、指先の感触を楽しみながら自由に行うことで、その指先から直接脳に伝わる刺激に対しての幼児の行動は、表現を

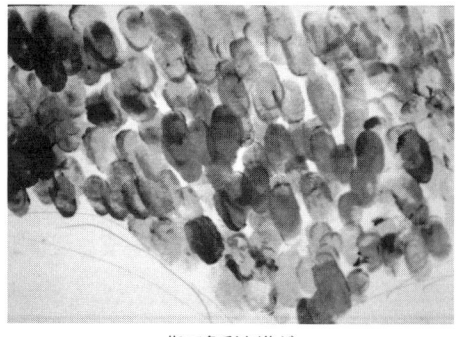

指で色彩を遊ぶ

楽しむだけではなく、手を汚す、紙を汚すといった中で喜びを伴い、印象が心に大きく残るものとなる。

2　フィンガーペインティング表現

　子どもたちにとっては新しい好奇心をかき立てる体験になり、表現に対する興味を十分に満たすフィンガーペインティングであるが、子どもの育ってきた環境によっては、色のついたどろどろの絵の具に抵抗感を感じてしまう幼児もいる。それについては、子ども同士が楽しみ、表現を影響し合うことで取り除くことができる。抵抗なくフィンガーペインティングでの表現に入っていく子どもの楽しげな様子は、どのような言葉よりも強く子どもの気持ちの中に伝わっていく。子どもは楽しさを共有したいものである。一度興味を持ってしまえば、何も言わなくても安心感を持って表現を楽しんでいく。

　初めは、画用紙に手を使った模様を自由に表現することから始めるが、1色、2色と色幅を広げることによって、感触を楽しみながら色彩への興味を持たせることができる。また、自分だけの表現方法を見つけ出していけるような、手の使い方についての指導の工夫も必要である。興味を持って描き始めると、色を塗ることに集中し、自分の世界に入り表現が広がっていく。用紙からはみ出し、作業をしている机、いすへと広がり、楽しさから身体や洋服まで色を塗り、表現することへの興味や好奇心というものは際限なく、楽しみの中で想像力を高めていく。子どもたちにとっては表現ではなく、汚して遊んでいるという意識でしかないのかもしれないが、楽しみの中で指先から直接感じられる色彩表現感覚である。

　保育者がここで注意をしなければならないのは、「色使い」と制作をする子どもたちの「雰囲気」に対しての配慮である。

　色使いについては、あくまでも表現した後に美しさや喜びを感じるものでなければ、せっかく楽しみの中で、今までにない感覚表現を経験している児童の行為が無駄になってしまう。感受性が強い時期であり、印

象に残る表現活動だからこそ、色に対しての美しさや表現に喜びを感じられるものにしていかないと、絵画表現に対しての抵抗感として子どもたちの記憶に残ってしまうことにもなってしまう。

　また、表現することにのめりこんでいる子どもたちは、友達と創造する楽しさについての話をよくする。保育者はこのときに子どもたちの雰囲気をしっかりとつかみ、子どもた

表現を楽しむ

ちがただ話をしているのではなく表現を楽しんでいるということを理解しなければならない。保育者が無理やり作業を止めて説明をしたり、片づけや注意を与えることは控え、子どもたちが自由に表現し、創造性を高めることができる雰囲気を大切にしたい。子どもたちと同じように創造するという環境の中に溶け込み、制作に集中する子どもたちの空気を変えないように、一歩引いて観察するような配慮も必要になってくる。落ち着いて子どもたちを観察する中で、表現がなかなかできずに悩んでいる子にアドバイスしたり、間違えている子に個人的な指導をしたりする余裕も生まれてくる。

3　触覚表現の発展へ

　教育環境が許すのであれば表現の幅を広げ、全身の感覚を使い身体全体で表現できるボディーペインティング、ウォールペインティングに発展させることも考えられる。子どもは自分の思いを全身で表現したいと望んでおり、その楽しさに夢中になる。子どもの気持ちの中には、表現というよりは汚して遊んでいるような感覚だろうが、その全身を使った行動による感情表現の中で精神的な安定が保たれる。制限をされない自

由で思い切った行動は、情操教育上必要なものである。自分の感情を思いのままずなおに自己表現ができるとともに、遊び感覚の中で子ども自身の満足度も高まっていく。

　日本でも幼児の情操教育についての関心が高まり、さまざまな造形教育が実施されているが、最近の教育的な取り組みの中に、アートによって幼児期の感情表現を安定させ、成長段階での感情をコントロールできるようにする美術教育もなされてきている。幼児期に思い切った感情表現を行う表現行為は、人間が本来持っている自己表現を欲求する本能を刺激し、他に対しての攻撃的な行動を抑え、楽しみながら精神的な安定をもたらす効果がある。全身を使って表現した後の子どもの顔というものは、満足感に満ちあふれている。幼児のこの時期だからこそ無意識に思い切って表現することができ、本人の気持ちの中にも満足感や達成感が得られ、美術教育として感性の発達に大きな影響を与えられる。また、本人の記憶にも、表現の発達や成長にも影響が残る教育活動である。

　　　　＜取材協力：二宮房子（二俣川幼稚園副園長）＞

【引用・参考文献】
　谷田貝公昭監修『造形』（保育内容シリーズ6）一藝社、2004年
　クラウス・ルーメル編『モンテッソーリ　教育の道』学苑社、1993年
　ハーバート・リード／宮脇理ほか訳『芸術による教育』フィルムアート
　　　社、　2001年

第 **9** 章

自然環境にかかわる造形表現

生駒 恭子

最も揺さぶる「自然」とのかかわりの中で、より子ども自身が主体的に心を動かし、遊び・活動することのできる制作に着眼し、自然における物事・事象との出会いや教材の選び方、保育者の役割などについて述べていきたい。

第1節　センス・オブ・ワンダー

1　感じることと知ること

　「子どもたちの世界は、いつも生き生きとして新鮮で美しく、驚きと感激に満ち溢れています。残念なことに、私たちの多くは大人になる前に澄み切った洞察力や、美しいもの、畏敬すべきものへの直観力をにぶらせ、あるときはまったく失ってしまいます。〔中略〕子どもたちがであう事実のひとつひとつが、やがて知識や知恵を生みだす種子だとしたら、さまざまな情緒やゆたかな感受性は、この種子をはぐくむ肥沃な土壌です。幼い子ども時代は、この土壌を耕すときです」
　これは、アメリカの海洋生物学者レイチェル・カーソン（Carson R.E. 1907～64）が『センス・オブ・ワンダー』の中で述べている一説である〔カーソン、1999〕。幼い子ども時代に何を育てることが重要なのかがシンプルな言葉でわかりやすく述べられている。同時に、大人の役割の重要性が述べられている。
　「センス・オブ・ワンダー」とは「神秘さや不思議さに目をみはる感性」のことである。この中で、著者は「知ることは感じることの半分も重要ではない」と記し、生物や星の名前や知識を数多く知ることは、自然のさまざまな美しさや変化を感じ、驚き、目をみはる心の半分も重要ではないとも述べている。幼児の造形表現の基盤として、この〈センス・オブ・ワンダー〉「神秘さや不思議さに目をみはる感性」をはぐくみ、保

育者が子どもと一緒になって自然を見つめ、その感性を失わないようにしていくことが、子どものすなおな表現を助長する最も有効な方法の一つである。

2　子どもの表現を全身全霊で感じ取る

　子どもの表現は、おもしろいと思わなければつまらないものである。子どもの表現や驚きをおもしろいと感じない限り、子どもの表現を感じることはできないのである。大人になるにつれ、この感性がだんだん消えて鈍くなっていき、人によっては最後は全くなくなってしまう。保育者が〈センス・オブ・ワンダー〉を子どもたちに持たせ続けるには、保育者自身が子どもと共に自然に対する驚嘆を再発見し、子どもと共に響き合い、感動を分かち合うことが必要である。保育者が生身の子どもを全身全霊で感じることが何より大切なことは言うまでもない。

　「子どもの感性はどうやって育てればよいのか」と若い保育者たちはときおり口にする。子どもの行動にはすべて意味がある。子どもの行為を好意的に見る、温かく愛情に満ちた保育者のこころもちが子どもの感性を磨き、子どもの伸びやかな表現を助長する重要な要因である。

　保育者自身が常に、子どもの行動に、敏感に、適切に、上品に、優しく反応することである。その保育者の行為が、子どもの感覚をさらにきらきら光らせることになる。この保育者の役割を認識することが重要である。

　例えば、だんご虫を手のひらに載せ、ころころ転がしたりして遊んでいるとき、子どもは命と向き合っている。「汚いからやめてほしい」「不衛生だ」なんて思わないでほしい。石ころや草や花を一生懸命取ってきても、あまり関心を示さずにいることは、子どもの心に大きなあきらめや不安の影を落としてしまう。子どもに豊かな感性を、と願うなら、まず保育者が、みずみずしい自然への感性と、子どもへの誠実な関心の傾注によって実るものだと考える。

3　感覚と心と脳——豊かな素材体験の保証

　乳幼児は、見る、聞く、触れるなど感覚器官を通して外界と接触している。特に乳幼児初期は、外界の事物をとらえる際、口に入れたり、手で触れたり、振って音を確かめたりすることによって外界を認識するのである。乳幼児が身近な生活の中で、温度を感じたり、においをかいだり、味わったりする経験、直接五感を通して脳に受けた刺激（インプット）が、感覚を通して表現（アウトプット）される。キンモクセイの花を拾って、小瓶に入れて「香水」を作った子や、香りから連想して、パステルで絵を描く子、「こんな、かわいい形の花なんだよ！」とキンモクセイの花を描く子など、子どもたちは嗅覚・視覚・味覚・触覚・聴覚を研ぎ澄まし、心に感じたことをさまざまに表現する。したがって保育者は、子どもが実際に物事を体感できるよう、素材体験の場を十分に保証しなければならない。

　昨今、安全に遊べる場所、緑が豊富な場所（公園や空き地など）は地域から喪失し、全身を動かす遊びは極端に減り、座っての一人遊びが大半を占めている。子どもたちの日常の遊びは、仲間との遊びから一人遊びが極端に増え、社会性の発達に著しく弊害をもたらしている。子どもたちが自ら考え出し、工夫し、作り出す楽しさを体験する機会を存分に保証しなければならない。緑あふれる自然が身近にある環境であっても、また、緑がほんの少しの都会であっても、保育者の善意ある行為と綿密な保育計画によって、子どもが感覚を研ぎ澄まし、自然を五感で感じる豊かな体験を紡ぐことができるよう努めたい。

第2節　自然を遊ぶ

1　自然のアートの発見と喜び

　コンクリートの上にたまたま流れた水の跡を囲んで、子どもたちがワーワーと大騒ぎをしている。近づいていくと「恐竜だ！」「今から、空に上っていくんだよ！」と目をキラキラさせる5歳児や、無心にその恐竜を足で踏んでみる3歳児、「怖そう！」「大きいね！」と仲間と驚きの声を応答させる子どもたちの姿があった。たまたま出会ったこの恐竜に、イマジネーションをかき立てている子どもたちの姿は千差万別である。空に登ると感じた子、動くのだろうかと足で踏んでみる子……。自然物、自然現象の中に、子どもたちは自らかかわり、そこにさまざまな芸術的な発見をしている。

　子どもたちは見立ての天才でもある。樹木の木肌や節、雲の形、葉っぱの形状、花の形や色・香り、薄氷の破片まで、さまざまなものを見立てる。自然の中には、子どもたちのこの見立てのおもしろさをかきたてるものが、人工物には類を見ないほど用意されているのだ。

　また、幼い子どもたちは、これらの自然物や事象に対して、あたかも人間のように擬人化し、言葉や言葉以外のコミュニケーションを図るのである。その行為は、集めることであったり、何度も繰り返しそこへ赴き注意深く観察することであったり、仲間や保育者の手を引いて共感を求めることであったりと、子どもの主体的な遊びとして表現し始める。そしてその見立てを、ときにはたっぷりと自分一人で楽しんだり、自分の見立てを仲間や保育者に伝え、新たな刺激を響かせ合いながら精選し、新たなものへ作り変える場合もある。かつて、多くの芸術家たちが自然の中でその創作意欲をかきたてたように、子どもにも自然のアートを感じる場と時間と空間を保障しなければならないであろう。自然の美しさ

を、子どもが生身の身体で実感することが大切なのだ。保育者が、自然の中で子どもとたっぷり遊ぶことが、自然を生かす制作、子どもを生かす制作の入り口である。幼児の造形活動の実態は、幼児の発達の特徴からも、ほとんどが遊びとして行われることが多い。つまり、幼児の遊びの中に「造形遊び」が占める幅が広いということでもある。

2　子どもの制作意欲を伸ばす応答性

　子どもの応答の仕方には、①言葉での応答、②表情やしぐさでの応答、そして③活動や遊びの提供による応答がある。これは、子どもの興味・関心、心身の発達に対する応答性とも言える。

　例えば、お天気の良い日に、筆と水を用意する。園庭の石やコンクリートの上に水で絵を描く遊びを保育者が始めると、子どもは「おもしろそう！やってみたい！」とすぐさま寄ってくる。太陽で乾かされ、風のささやきの下で筆を走らせる心地よい感覚は子どもの心を解放し、自分の思いのままに描く充実感を体感するだろう。そうしながら、水の扱い、筆の使い方や、細く描く、太く描くなどの技法や、後始末など自分と物の関係性を認識してゆくのである。

　また、描くことに抵抗感を持つ子どもにとっても、失敗感のない、まるで魔法の絵の具のような水は、描くことへの楽しみを見いだすきっかけともなるであろう。

　子どもの遊びでの発見に保育者が応答し、その時期、子どもに合った最適なものと出会う経験を用意すること、つまり、活動へと展開することによって、子どもの表現をより活性化することにつながる。小枝の鉛筆と地面、太陽や水と筆、光や影と風とリボンなど、自然と応答する教材や機会を意図的・計画的に取り入れることが、子どもにとってより良いものへ出会わせ、表現の糧を熟成させることにつながるのである。

第3節　自然で遊ぶ

　自然の中では、多くの子どもが自由感をもってさまざまな表現方法を試みている。紙面に残る造形表現でないため、保存がしにくいことが難点でもあるが、子どもの自由な発想が非常に多く含まれた造形表現として、また子どもの発達をとらえる材料として、保育者が映像として記録することは非常に重要であろう。

1　描く

　①地面に描く
　砂に触れ、自分の四肢を存分に使って描いている。
　②石に描く
　描いては消える楽しさおもしろさを共感しながら、筆や水の感触を楽しみながら描いている。

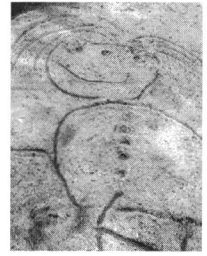

サイズのない地面ならではの楽しい描く遊び

座り込んで地面に絵を描く子ども（3歳児）

　③木を描く
　ほとんどの園にあって季節の変化が描きやすいものの一つに木がある。
　木のようなテーマは変化がとらえやすく、継続して描く意味と楽しさがあ

筆と水で石に描く3歳と4歳児

る。春の花を咲かせた木や、夏のこんもりと緑でおおわれた木を描くのも、紅葉した秋の木を描くのも、冬の枝ぶりの幹から枝の先までの不思議に伸びる木の形を描くのも、また「この木の下はどうなっているのかしら」と地面を想像し描くのにも楽しい素材である。描く材料・素材を変え、また方法や時期を変えることで存分に楽しめる。

2 造る

　自然物を利用しての制作で考慮することは、木の実や小枝、石、貝殻、花などの素材の準備である。拾ったり、摘んだり、捕まえるなど集めた素材を子どもが子どもなりの試行錯誤をしながら作ることが、より楽しめるように配慮しなければならない。

　子ども一人ひとりの身体的・技術的な発達や経験、また、クラスや学年全体の活動の経験を踏まえ、素材を提供することが大切である。

　子どもたちは、感覚的にそれぞれの質感を感じ取り、遊びながらそこに美しさやおもしろさを発見し表現する。

事例：桜の木下で
桜の花びらの散る中で、絵の具を用いてタンポで花びらを作る子どもたち（3歳児、4月）

事例：顔
砂と土の質感を感じ取って遊んだ

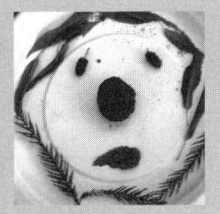

事例：顔
葉っぱの色や長さ・大きさ・質感を感じ取って遊んだ

事例：ケーキ
花の色、茎の長さ、砂の色を感じ取って遊んだ

事例：ハンバーグランチ
石・枯れ草・梅の実などさまざまな素材を用いて遊んだ

3　飾る

　自然を部屋に持ち込んで飾る、自然の中に飾る、自然を身にまとうなどさまざまな「飾る」おもしろさを、子どもと楽しんだ事例を紹介する。

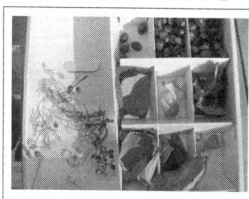 事例：自然を持ち込んだ「お菓子の詰め合わせ」	 事例：自然の中に飾る「仲よしの森の妖精」	 事例：自然を身にまとう「森の帽子」
黄色の箱に、色とりどりの木の実や落ち葉を並べてお菓子屋さんごっこ（3歳児）。	木工遊びで作った木の妖精を森の緑の中で飾っている。森に持ち込むことで、子どもたちは木の人形劇のように会話を楽しんだりお話作りへ展開（4歳児）。	森の草花で、保護者と一緒に帽子を作って遊んだ事例。

4　育てる・飼育する

　飼育栽培をすることで、意図的に子どもに自然の生命の神秘や不思議さを味わう機会を持たせることも、楽しい造形活動の糸口となる。例えば小さな一粒のヒマワリの種を植えると、70数日で自分の背丈よりも大きなヒマワリへと成長する。収穫した重いヒマワリを担ぐ子どもたちからは大きな歓声と驚きの声が上がる。一粒の種が一つの花に何千と種を作り、いやおうなしに子どもたちは、ピカソのヒマワリの絵と一緒に飾っても見劣りしないほどの、色鮮やかでエネルギッシュさに満ちあふれるヒマワリを描く。また、ウサギやチャボなど、子どもたちが身近で繰り返し触れたり世話をしたりして親しみや愛着を抱いた対象物の絵は、ときに非常にリアルに描いたり、また、感動した部分を拡張して表現したり、細かく観察して描いたり、繰り返し何枚も描いたり作ったりを試みながら、より深く対象物とかかわりを深めていくことがある。

第 4 節　自然に遊ぶ

1　生活とつながる造形の実践

　近年、わが子や地球の未来のために、エコを意識する機会が増えてきた。以下に紹介するのは「衣・食・住」をテーマに「エコ」の視点（Reduce, Reuse, Recycle, Replace）から、自然の中での制作を保護者と共に遊んだ事例である。

森のキャンドル

Reduce(リデュース)
「減らす」ことで、必要以上に使わない、作らないを意味している。使いかけのろうそくを溶かし、クレパスを溶かして作ったキャンドルに自然物、小枝や葉っぱ、松ぼっくりやどんぐりで、ハーブを利用し飾り付けられた手作りのキャンドル。必要以上の電気を使わず、手作りのキャンドルでやみに明かりをともす。

森の木木(モクモク)弁当（残りの木から生まれたおもちゃ）

Reuse（リユース）
一度使われた製品、もしくはその部品を再利用すること。これが環境用語としてリユースにつながっている。国土が狭く、資源の乏しい日本では古くから「もったいない」という文化がある。これらの木材も、在園児のおじいちゃんが大工さんで、もともと家を作るりっぱな材料の残りをいただいたもの。子どもたちは知らず知らずに貴重な木にも出会い本物に触れる。おにぎり一つも、木によって香りも重さも感触も違う。

新聞紙のマイバッグ（新聞紙ならではの美しいデザインバッグ）

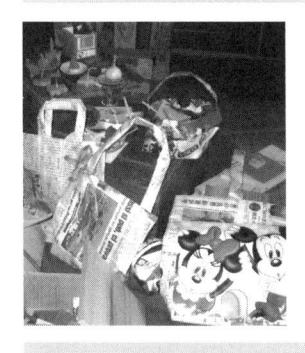

Recycle(リサイクル)
日常生活において必要なくなったものや、物を作ることで副次的に得られたものを資源として再利用、新たな製品の材料として利用すること。あるいは回収・再生して有効利用すること。子どもたちの遊びでは、温泉のお湯になったり、雨になったり、じゅうたんやマントあるいは剣にリサイクルされている新聞紙。お気に入りの写真や文字を切り取り、スクラップしたり折って切って張ってバッグが完成。戸外に持って遊びに出かけられる。

森のバームクーヘン（オーガニック・バンブーで美味しく）

Replace(リプレイス)
今までなにげなく使っていたものを、エコという視点で見てみる。同じ目的を達成するのであれば、環境や子どもに優しい別の手段はないかを考えてみる。この発想が「置き換える」を意味する。
例えば、ペットボトルではなく水筒を持参する、省エネ電球に変えるなど。子どものおなかを満たすのに、手間と香りと時間と場を分かち合って優しさでおなかを満たそうという試み。バームクーヘンより少々年輪の少ない「竹筒クーヘン」。

2　仲間とつながる造形

　子ども一人ひとりの持つ力には違いがある。例えば、生活の中でどれだけ本物（実物）と出会い接したか＜経験＞、イメージを持っているか＜想像＞、仲間と話し合って共同制作ができるか＜社会性＞、いろいろな工夫ができるか＜創造性＞、技術（ハサミ・セロテープ・カッターなどの扱い）が上達しているか＜巧緻性＞など、自分と相手との差異を認め合いながら、仲間と一緒に作り合うことが大切である。そして子どもたちが日々、全身全霊を傾けて遊べる場所（空間）や、時間や仲間を、自然の中で自然に作り出す保育の構築が願われる。子どもは日常のあた

りまえの暮らしの中で、さまざまな自然を見る目を持とうとし、そして関係づける能力や、自分の小さな自然や神秘の存在の価値に気づく。子どもたちが、仲間に表現したり共感し合える豊かな造形遊びを、保育者は工夫しなければならない。

3　科学性の芽生えにつながる造形

(1) 科学する心

〔実践例〕写真での観察と描画による絵本「こうたとパパとシジュウカラ」
　　　　（5歳・男児）

ある日、幼稚園のわんぱく山でプレイデーがありました。こうたはパパと一緒に鳥の巣箱を作りました。三角のかわいい屋根に緑のペンキを塗りました。葉っぱだと小鳥が思うように緑にして、壁は茶色にしました。

あっ、ひなだ！　ひなはまだ赤いよ！

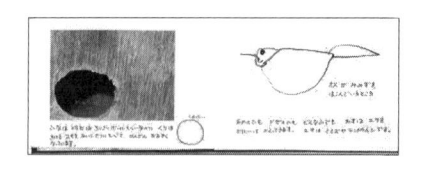

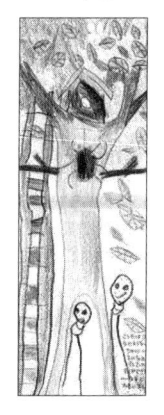

父親と作った巣箱に、シジュウカラが住み着き、卵からひながかえった様子やそのときの気持ちが表現されている。写真による事実と子どもの感激や驚きなど、感情場面を表す描画部分が楽しく描かれている。

観察の目、時間的追記、シジュウカラへの感情移入など、そして未来への希望。子どもの絵には科学の芽も芸術の芽も両方入っているのだと感じさせられる。

科学する心とは、大発見をすることではなく、日常の自然な営みの中に発見する極めて繊細な営みの積み重ねにほかならないのではないか。幼児期にさまざまな方法でそれらにじっくりとかかわり、表現することが科学する心を育てるのではないだろうか。

(2) 雨の日は雨の中で、風の日は風の中で

ある幼稚園の玄関に、墨で力強く書かれた文字を見つけた。『雨の日は雨の中で、風の日は風の中で、雪の日は雪の中で……光と風と水と大地と遊ぼう』。園長先生の直筆で書かれた文字の中には、「生き物と遊ぼう」ということが、実に具体的に書かれていた。

幼少時代に自然や生物に興味を持った人が圧倒的に研究者になることが多いといわれる。物理学者の中谷宇吉郎氏は、雪の美しさに魅せられて、どうしてこんなものができるのか研究を始め、人工的に雪の結晶を作った。中谷宇吉郎氏の著書『雪』(岩波文庫)の中には、降ってくる途中の雪を凝視し続け、美しさに魅せられていることが書かれ、著書の最後に「雪は天から送られた手紙である」と記している。「美しさ」というものが研究の原動力であったことが実に興味深い。

近年、脳科学や文化人類学の研究の進歩により、美しさを感じ行動にする心の働きが「脳」にあることが解明されている。幼児期の造形教育に「美しさ」を求める「脳」の機能をはぐくむ役割の果たす部分は大きいであろう。ことに、自然と造形は強く結びついているといえるだろう。

例えば、プール遊びの絵をかいた子どもの絵に、太陽がたくさん描かれていた。どうしてこんなにたくさん太陽があるのか尋ねると「だって、とっても暑い日だったでしょ!」と屈託のない笑顔を返してきた。なるほど、絵の中に夏の太陽からふりそそぐ日差しや温度を、子どもは太陽

をたくさん描くことで表現したのだ。

　人間の子どもが、自然の中で虫や花や風や光と遊ぶことで得るものの大きさを実感しながら、子どもが「何を喜んだのか」「どう喜んだのか」、子どもの芸術の心と科学する心を造形に結びつける努力をしなければならない。

4　午後の美術館

　子どもの造形には、子どもの「心の今」が表現されている。日々、その子どもの感動に心を寄せ、その感動をつなぐ役割を保育者は担っている。

　幸いに保育者は、子どもが心を動かし表現する「今」を一緒に生きているのだ。その「今」の表現をデザインし外界へつなぐことは、保育者の使命の一つである。例えば、今日、子どもたちが遊んだ泥んこレストランを、無意味なつまらないものではなく、大切な子どもの育ちとして何が育っているのか、何を子どもが楽しんだのかを読み取り、遊びや活動に展開させるのである。一方、子どもの作品を「持ち帰り制作」から脱皮させなければならないだろう。

　写真の事例は、「午後の美術館」と題して、降園後の園庭に保護者を呼び込み、保育者が子どもたちの「遊んだ足跡」を美術館ふうに展示し、保護者と子どもが一緒に、友達や自分、あるいは学年やクラスを超えて仲間の作品に触れる機会を作ったものである。美術館の

事例：『森のレストラン』
子どもの作った自然素材のレストランを
保護者が見ることができるように設定

場所は、保育室であったり、園庭の砂場やメインツリーの下であったりさまざまである。

【引用・参考文献】

レイチェル・カーソン／上遠恵子訳『センス・オブ・ワンダー』新潮社、1996年

勅使千鶴『子どもの発達とあそびの指導』ひとなる書房、1999年

岸井勇雄『幼児教育課程総論〔第2版〕』同文書院、1990年

仙田満『子どもとあそび―環境建築家の眼』岩波新書、1992年

財団法人幼少年教育研究所編著『新版遊びの指導―乳・幼児編』同文書院、2009年

林邦雄監修『図解子ども辞典』一藝社、2004年

林健造『造形のたし算ひき算―わかりやすい造形指導』世界文化社、1980年

林健造『異文化としての幼児画―あなたへのメッセージの読み取り方』フレーベル館、1996年

河合雅雄『子どもと自然』岩波新書、1990年

第10章 保育環境にかかわる手作り教材

鈴木 美樹

この章では、保育現場で用いられている教材を取り上げ、実習の事前準備を想定しながら紹介する。教材制作では、単なる作品作りとならないよう「何のために」という制作のねらいを明確にすることと、幼児の活動が楽しく充実したものとなるよう工夫することが重要である。さまざまな素材を用いて、豊かな感性と表現につながるよう構成してほしい。

第1節 教材とは

1　教材とは

　「教材」には、保育内容に応じて意図的に準備し、幼児の心身の発達を促し、保育活動を展開させる役割がある。教材は「物」と「物でないもの（話や音楽など）」に分けられるが、身の回りのあらゆる素材がそれに当たると言える。教材を構成するうえで大切なことは、幼児の発達段階や興味・関心に合わせることである。指導計画立案の際は、ねらいが重要であり、活動やその意味の見通しを持ち、幼児が主体性を持ってかかわっていけるようなものを準備する。ただ、保育者が意図しなかったものが教材となることも、しばしばある。指導案に沿って保育活動は展開されるが、そのような「意図しなかった教材」の存在も受け入れられる柔軟な思考も持ってほしい。活動する中で、幼児の思いに寄り添うことが重要である。

　常に教材研究を行い、知識や経験を積み重ね、技術を高める努力をし、感性や表現、創造性を豊かにしてほしい。

　また、実際に保育現場を訪問し、どのような教材が用いられているかを見せてもらうと勉強になる。事前に断って写真を撮れば良い資料となり、直接話を聞けば具体的なポイントを教えてもらうこともできる。その場合はしっかりメモを取っておくとよい。

なお、園に訪問する際は忙しい時間帯もあるので、事前にアポイントを取り、先方に迷惑をかけないよう留意する。手伝いや、保育の様子を観察させてもらうなど、何を学びたいのか事前に目的を明確にしておくことも重要である。

2　「教材」に用いられる素材について

　子どもは、身の回りにあるものすべてに興味を持ち、それを使って遊んでいる。言い換えれば、手に触れることができるものだけでなく、自分の周りを吹く風や、光と影、におい、さまざまな音やリズムも遊びに取り入れていく。そのような大きな広がりを念頭に置きながらとらえてほしい。

　素材は大きく分けて、人工物（含リサイクル用品）と自然物に分けられる。ふだんからホームセンターなどに行き、どのようなものがあるのかリサーチしておくと、必要なときに適したものを用いることができる。常に外界に興味・関心を持って、貪欲に情報収集することが大切である。

　また地域の特性を生かした素材を用いるのもよい。例えば海辺であるなら、小石や流木、山間部なら木の実や葉などの自然物や、地域で手に入りやすい人工素材を用いて、地域の理解や教育の連携に役立てることも必要である。

　保育における環境の重要性から、季節や行事を考慮したテーマを準備する。まずは実習時期に使用することを想定しながら、実習先の特徴や行事、保育・教育計画を調べ、その時期の幼児の姿やねらいとその内容を把握するとイメージしやすい。対象児の年齢や発達段階、および経験に即した内容を想定して制作することが大切である。

第2節 「手作り」の意味について

　保育の現場では、よく手作りの教材が用いられている。そこには手作りゆえの温かさや独自の工夫があり、幼児への思いがこめられている。制作するに当たっては、いずれの教材においても、①保育者が作る、②幼児が作る、③幼児と保育者で作る、という3つの方法が考えられる。ものを作る際は、その内容にどれだけ幼児が共感できるかが重要である。

　また手作りだからこそ、オリジナルのイメージを展開させることができる。一つ制作すれば、次はこのようにしてみよう、こうしてみたい、こうしたらどうなるだろうと、水に落とした小石が波紋を広げていくようにイメージが重なり合って広がっていくのである。

　そこで勧めたいのが「イメージノート」の作成である。A4判のファイル（バインダー式のもの）に項目を立てて、調べたことやイメージのメモ、図版資料などをとじておくと、作成者自身の財産となる。教材を制作する際は、素材や方法を考え、試作品を作ってみると完成度の高いものができ、そこからさらに課題やイメージが広がっていく。

　幼児は、既製のキャラクターも大好きである。ときにはその力を利用しながら、幼児との距離を縮めるきっかけとしてほしい。ただ、そこにとどまることなく、豊かなオリジナリティーあふれる表現へと導くことが重要である。

　また、市販の絵本や紙芝居などには優れた作品が多く、ともすれば安易に模写してしまう場合がある。それらには著作権があり、一枚の絵や言葉一つに作者の思いがこめられているので注意してほしい。ただ、いきなりオリジナルの作品を作るのは難しいので、まずは模写して学習する方法もあるが、実際に学外実習で用いる際は、オリジナルのものが望ましい。模写をする際は、ページ割りや造形的表現の学習になる。

　保育雑誌やインターネットでは、さまざまな作例が提示されているが、

全く同じものを制作するのでなく、少しでも工夫して、自分なりの表現を大切にしてほしい。

第3節　さまざまな手作り教材

1　壁面構成

　壁面は、幼児にとって重要な環境の一部である。保育所や幼稚園での生活が楽しくなるように、季節感にあふれ、行事などをを取り上げて期待感を高め、幼児の感性や表現する意欲を養うように構成してほしい。

　また、壁面という平面に限ることなく、部屋全体を使った空間構成も考えてほしい。使用する素材は、人工物のみならず、自然物なども用いて、さまざまな表現を展開するとよい。

12月の壁面構成

　留意点としては、子どもに見やすく、落下物の誤飲などにも配慮し、張り方も安全にする。壁面は、一般的に広い空間であるため、全体の構図を工夫し、部分と全体の調子を確認しながら構成する。地平線や左右の配置がシンメトリーになってしまう場合が多いため、大きな面積を占める部分には気をつける。リズム感やバランスを見るには、事前に壁面

と同じ比率の図形を描き、イメージスケッチをすると全体像が把握しやすく、問題点も見えてくる。

　具体的な形を制作する際、特に樹木などは、色や形が概念的・記号的にならないように注意する。よく樹木の幹を赤茶色で表現したものを見かけるが、実際に赤茶色なのは、赤松くらいしかない。葉の形や付き方なども研究する必要がある。自然物は、人工物と異なり「何色」と規定できるものは少なく、構造には生物学的に意味があることを忘れないことである。

　また、季節を表すのに、春だからといって安易に「たんぽぽ」と「桜」と「チューリップ」を一つの画面に入れてしまっては、３カ月まとめてしまっているので印象が散漫になる。保育と同じように、わずかな変化に目を向けて、日々敏感に違いを感じ取ることが重要である。

　人物の表情や動物の擬人化についても、既成概念にとらわれ、マンガやアニメ的表現にならないよう留意してほしい。

　植物や生物の形にはすべて「意味」がある。どうしてそのような形状で、どのような役割を持っているか考えることが、環境に目を向ける素地となる。可能な限り「実物」に触れることで、五感でとらえた記憶（身体感覚）がイメージを豊かにし、説得力のある表現を可能にするのである。

　また、日々変化する身近な自然の様子を写真で記録し、名前や特徴などを図鑑で調べておけば、制作に役立つ。自然から学ぶことが豊かな表現につながり、世界の多様性やそのすばらしさを伝える保育者として、常に外界から学ぶ姿勢を持ってほしい。感性は能動的なものであるので、常に五感を研ぎ澄ませ、幼児と共に「発見」する喜びを共有してほしい。

　事例としては、保育者が木を作り、幼児が制作した葉や昆虫などを展示することがある。その場合、保育者が張ってもよいが、幼児自身に張りたい場所を決めてもらい、心に寄り添ってほしい。また「なぐりがき」などの展示をする際も、幼児の発達段階に沿いつつ、作品がよりすてきに見えるような工夫をするとよい。発達の程度により、幼児の作品に大

きな差が見られる場合は、それを見る保護者に安心感を与えるような対話が必要になることもある。

2 名札

幼児とのコミュニケーションのきっかけとなるので、どのようにかかわっていきたいかを考えて制作するとよい。年長児くらいになると平仮名も読めるようになるので、平仮名で表記すれば名前を覚えてもらえる。ゆっくり丁寧に自分の名前を書き、読みやすいようにする。またパソコンの書体集から、自分のイメージに合った書体を選び、フェルトで切り抜いてもよい。名札は学校で指定されたものもあるが、安全面を考慮して実習先で指定される場合もある。多くは布製の物で、子どもと触れ合ったときに相手を傷つけないよう、エプロンの胸に縫いつけておく。フェルトでクラスのマスコットなどを作り、名札の上にスナップやマジックテープなどで留められるようにしておくとよい。例えば「ぞうぐみ」「ほしぐみ」など担当クラス分を作っておくと、子どもの関心が高まる。

名札はコミュニケーションの第一歩

3 ペープサート

ペープサートという言葉は英語の「paper puppet theater」に由来する造語である。2枚の画用紙に登場人物を描き、その周りを切り抜いて、2枚の紙の中心に棒状のものを挟んで張り合わせ、表と裏の両面を使用して用いる。両面を使用するので、登場人物の向きや表情を素早く変化させることができる。

お話で用いられることもあるが、歌やほかの活動の導入としての使用

も有効である。大きなものを制作すれば、遊戯室のような広い場所で、多人数でも用いることができる。また、クラスのキャラクターなどを作ると、園庭での活動の誘導に使用することもできる。

演じるときは、部屋の大きさ人数、見せ方（環境構成）、大きさや色、声色、動かし方などを考える。色は、ビビッドカラーにこだわる必要はないが、離れてもよく見えるように全体的なトーンや、コントラストに気をつけるとよいだろう。

多人数でも使用できる特大ペープサート

塗り絵やアニメーションのように、黒マジックで縁取りした中に、色紙を張ったように平坦な表現が見受けられるが、「離れても見やすい」ということを考慮すれば、そのようなスタイルに固執する必要はない。例えば、輪郭線を黒にしないだけでも、印象の違いは大きい。

素材については、画用紙の間に割りばしを挟んだものがあるが、割りばしだと持ち手の部分が短くて使用しにくいこともある。演じやすいもので、長さも考慮し試作品を作ってみるとよい。何度も使用できるように丈夫なものを作り、腕や足などの関節部分には割りピンを使用すると動きの幅も広がる。物語として制作したものは、次の使用を考え、セットにして折れないように保管しておく。その際には、何のお話かわかるようにしておくとよい。平面だけでなく、半立体や立体で制作するのもよい。

実習の際には導入を含めた指導案を書くが、実際の場所で演じておくことが重要である。幼児の反応を想定しながら、何度も練習してほしい。実際に演じる際は、子どもの表情を確認しながら、よく通る声で、表情

豊かに演じる。

物語の場合は、表と裏で向きや表情を変えると、表現に幅が出る。登場人物や動物をそのものらしく作ったら、段ボールと色画用紙などを用いて舞台も作成すると、より入り込みやすい。舞台は、基盤となるものに布などを重ねて付けると、場面転換も容易である。

ペープサートは、前に白い幕を下ろし、後ろから光を当てれば、影絵としても応用できる。影絵にする場合は、持ち手を透明なものにすると、幕に影が映らない。

4　パペット

パペット（puppet）は、人形劇で用いる操り人形の一種であり、手指で操作するので「指人形」とも言われる。腹話術で使用される人形もパペットであり、構造はシンプル

動物のパペット（特徴をはっきりと）

である。中に入った手の動きによって、まるで生きているように動くのが特徴で、演じ手も観賞者も感情移入しやすいという特徴がある。自己紹介や導入、幼児の気持ちを代弁するときにも用いられている。パペットを数種作成し、舞台の中で演じれば、人形劇になる。幼児はパペットを見ながら、お話の世界へ入っていく。

素材は、紙や布、頭部や手を紙粘土で制作したものなど多種多様である。空き箱や紙袋を利用してもよい。人間だけでなく、動物や空想上の生き物など、さまざまな表現が可能である。

幼児が見立て遊びにも興味を持つ時期であれば、劇にならなくとも、パペットを使って会話を楽しむこともできるので、制作に取り入れると

よい。

　演じるときは、その役になりきり、声色や調子、動きにも工夫する。大きな舞台を作って、皆でお話を演じ「人形劇」に展開させる。

5　手袋シアター・エプロンシアター

　手袋シアターは、手袋を用いて制作し、歌や物語を表現する。小さいので持ち運びがしやすく、ポケットにしまっておき、すぐに演じることができるので便利である。色の

手のひら	手の甲

「三びきのやぎのがらがらどん」（ノルウェーの昔話）

付いたものや、指先にフェルトで人形を縫い付けたり、綿や発泡スチロールを詰めて立体的にしたり、キャラクターの取り外しができるようにマジックテープを用いることもできる。手遊びに用いることもでき、エプロンシアターより制作が容易という利点がある。手のひらと手の甲の部分で変化をもたせると場面転換もできる。靴下でも同様に作ることができる。

　エプロンシアターは、保育者が身につけたエプロンを舞台として演じるものである。人形がポケットから出て来てくっついたり、場面が変わったりして幼児をひきつける。素材は、キルティング地など張りのあるものがよいが、市販のものを利用してもよい。人形は、フェルト等で制作し、裏にマジックテープを付ければ、エプロンに付けられる。ポケットから取り出すことを考えると、中に綿を入れすぎないよう注意が必要で

ある。下の方に見せ場を持ってきてしまうと、後ろの幼児に見えにくいので、型紙を作成する段階で、演じやすく見やすいように考える。

　物語は、起承転結がはっきりしているとわかりやすく、ポケットやさまざまな仕掛けを工夫して場面転換し、表現豊かに用いる。さまざまな種類の動物などを作成しておくと、自分で話を作った際にも用いられて便利である。ただ、制作には時間と手間がかかるので、早めに作業を進めておく必要がある。

「3匹のこぶた」
フェルトをめくると場面が変わる

　幼児によく見えるよう、場合によっては台に乗るなどする。手を前に出したり、後ろに持っていったりなど、立体的な演じ方で幼児の関心を高めてほしい。

6　パネルシアター

　パネルシアターとは人形劇の一種で、フランネルの布地を張ったパネルを舞台として、不織布（Pペーパー）に絵を描いて作った人形を、張り付けたりはがしたりして演じるものである。

　ペープサートと同様に裏返して変化を与えることができ、絵の移動によって豊かな表現ができる。演じ手は隠れることがないため、幼児と一体感を感じられるという特徴がある。人形が平面なので制作もしやすく、幼児が描いた絵も、不織布に張れば絵人形になる。題材は物語だけでなく、構成遊びや歌遊び、クイズにも使用することができる。

　人形の作り方としては、Pペーパーの両面に、マジックや絵の具で絵

絵人形の大きさや張る位置を工夫する

を描く。ボンドで接着したりミシンで縫うと、表情を変えたり変身できる。絵を描く際には、見やすいように細部を省略し、誇張した表現にする。下絵の上にＰペーパーを置き、ボールペンか耐水性のペンで写し取り、アクリル絵の具や不透明なマジックで着色する。絵が見えにくい場合は輪郭線を描き入れる。輪郭線の外側に余白を残し、大まかな形で切り取る。Ｐペーパーは、折れるとなかなか元に戻らないので、保管の際には折れないように厚紙などの間に挟んでおくとよい。

　舞台となる布は、色の付いたものもあるが、人形をはっきり見せ、さまざまな場面への適応を考えると白が適している。舞台は、布をしわにならないようにして、ベニヤ板や段ボールに張る。大型のものを作れば大人数にも対応できるが、大きなパネルは重くなるので、2人で持つか台に配慮する必要がある。太めの毛糸を用いれば、川や地平線・水平線、山や道、木なども簡単に表現できる。

7　紙芝居の制作

　紙芝居はよく部分実習などで用いられ「観る」「聴く」という態度を育て「知識」を与えることができる。紙芝居を介した演じ手との「コミュニケーション」のみならず、集団で感動を分かち合える優れた媒体である。

　制作する場合は、幼児の年齢によって、集中力や理解力の程度が異なるため、事前に対象児を考慮して題材や枚数を設定する。例えば3歳な

ら、言葉や場面の繰り返しが多いものや、小さいものが大きくなるクイズ形式のものなどで、枚数は8枚程度と考える。4、5歳児は物語などストーリー性のあるもので、12枚程度を想定する。

　題材は、昔話や童話、体験したこと、想像したことなどで、何を伝えるのかという目的と、起承転結をはっきりさせる。枚数を決めたら、制作する紙芝居と同じ比率の紙に、下書きを描く。抜くときの方向を考えて絵の向きなど構図を設定する。1枚目から始められるように、裏の文章は1枚ずつずらして張る。

　サイズは、紙芝居ケースに入るものが演じやすい。あまり大きいと抜くのにも不便であるし、曲がってしまう。厚紙に直接描いてもよいが、水彩絵の具で描いた場合、絵の具のニカワ分で片面に引っ張られてゆがんでしまう。画用紙に描いて厚紙に張るなど、工夫が必要である。ケースに入れると、画面の端が隠れてしまうため、見える部分に絵の主要な部分が来るよう注意する。

　輪郭線を、アニメーションのセル画のように黒い油性ペンで太く描いているものを見かけるが、その形式にこだわる必要はない。集団で離れて見るので、絵がはっきりと見えるように工夫する。オイルパステルで描いた場合は、前の絵にくっついてしまうため、あまり適さない。

　演じ方は、紙芝居ケースを使用し、舞台の右側に立って演じる。そのとき幼児の目線に合うように、紙芝居の高さに留意する。幼児の表情や反応を受け止めながら演じる。演じる際は裏の文字ばかり見てしまうと、幼児の反応を見ることができないので、何度も練習して自分のものにしておく。内容によっては、抜き方の速度や方法を変え、演劇的に演じていく。

8　絵本の制作

　紙を蛇腹に折ったミニ絵本などの簡単なものから、きちんと製本したものまでさまざまである。対象児の年齢や興味・関心、季節などに応じ

て、内容を選択し、低年齢児の場合は、五感に働きかける布絵本もよい。

　イメージを表現するのに適した紙のサイズや形、素材、枚数を考える。文字を入れる場合は、縦書きか横書きかで開く方向が異なるので注意する。

　紙芝居と同様に構図を考える。糸を使用して製本する際には、重ねて真ん中でとじるため、4の倍数で考えるとよい。糸を使用せず、次ページをのり付けして製本する方法もある。

　絵を描く際は、まず上質紙などにラフスケッチをし、全体の展開やページ割りを考える。絵本は次に「めくる」動作があるので、めくる方向に主人公の向きや導線を配置すると自然な表現となる。開くと立体になる仕掛け絵本もある。とじたときのことを考えて、実際に見本を作り、どこにどの絵を配置するのか気をつける。表現技法としては、版画や、写真・包装紙などを用いたコラージュなどもおもしろい。画材は、色鉛筆やマーカー、水彩絵の具、アクリル絵の具、パステルなどで、土台となる素材も、紙や布など多種多様である。自分が表現したいイメージに合わせて選択するとよい。

　市販の作品には、絵画的表現に特徴があるものや、仕掛け絵本、緻密な自然観察に基づいた植物や動物、透明感あふれる水彩画的表現などさまざまなものがある。芸術的な感性や表現豊かな作品をたくさん見て、学んでほしい。

布絵本（その動物に合った素材で制作する）

物語を選んで絵を制作したり、オリジナルでストーリーを考えたりする際の注意としては、視覚的にイメージしやすい具体性のあるものがよい。教訓的なものだけでなく、昔話や神話などは、身近なものの成り立ちや自然現象について知ることができるし、幼児はお話が大好きである。

着せ替え絵本

演じるときには、幼児が見やすいように、画面が揺れないよう持ち方を工夫し、ページをめくる際に緊張感がとぎれないように練習してほしい。

紙芝居と異なり、絵本はどちらかというと少人数向けである。大型サイズの絵本も市販されているが、高価である。

9　リサイクル

以前は「廃材」とも呼ばれていたが、環境問題に配慮しながら身近な造形素材としての利用が多く、物を大切にする心の教育にも役立てたい。

素材としては、段ボール、トイレットペーパー、ラップの芯、ペットボトル、牛乳パック、空き容器、ビニール、新聞紙などの紙類、布やプラスチック、ひも、金属などである。さまざまな種類のものを保育室に準備して、いつでも幼児が用途に応

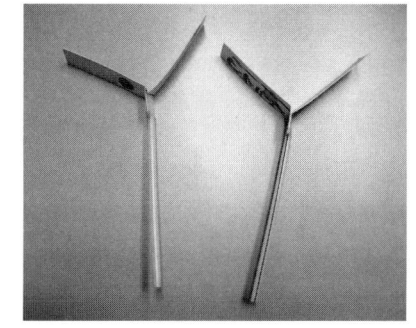

牛乳パックとストローで作った竹トンボ

じて制作が行えるよう、環境の一部として設置したい。

「世界で最も前衛的」と称された、イタリアの都市レッジョ・エミリアの幼児教育実践でも、地域や保護者の協力の下にさまざまな素材が準備され、用いられている。

紙皿を組み合わせると、絵が変化する

組み合わせて何かに見立てることで、玩具や「動く」「飛ぶ」などのしくみを学ぶ素材となる。ほかにも「つなぐ」「並べる」など構成を学ぶ、バケツなどの「器」として実用に生かす、容器に何かを入れて楽器として用い、合奏するなどの展開が考えられる。集めて制作し、用いて遊ぶといった総合的活動としてとらえてほしい。

リサイクル用品を用いる際は、材料の特性を知り、接着方法や切断などの加工法、その用具についての知識を踏まえ、安全性の確保が必要となる。

第11章 子どもの遊びと表現

相澤 久徳

子どもの持っている想像力というものは、大人のそれとは違い、自由に大きく膨らむ。何もないところから発想し、幼稚園・保育所の生活の中で友達同士の遊びとして共有しながら表現力を発達させていく。成長段階での子どもの持っているイメージ表現の影響、感性の発達、コミュニケーションをとることから社会性としての情操教育につなげる指導が大切である。

第1節　遊びの中から学ぶこと

1　想像世界の理解

　子どもが遊びの中で想像するものは限りなく広がり、大人として見てしまうと理解ができないような発想もある。木の棒1本、ひも1本、泥や砂、身の回りにあるちょっとした落ち葉や木の枝からもイメージをつなぎ、遊びの世界へと発想を広げていく。そのイメージをした遊びも2人、3人と人数が増えるに従い、遊び自体に複雑な変化が見られるようになり、1人で遊んでいたものが共有する遊び道具となり、遊びながら次々と違う遊びへと発展し、あっという間に全く違うことをしていたりする。

一人のイメージで遊ぶ

　保育者は子どもが想像する世界の広がりを理解し、子どもが考えている世界をより大きく膨らますために、補助遊具の用意をすることで遊び

の援助をすることも必要になってくる。子どものイメージする世界や行動をこんなものだと決めつけてしまっては、子どもの自由な発想の世界を狭めてしまうとともに、保育者本人が子どもたちのさまざまな発想についていけなくなってしまう。常に保育者は園での生活の中で、子どもと触れ合い一人ひとりの個性を観察・把握し、その個性的な発想に対して柔軟に適切な対応をし、楽しいという気持ちを共有していかなくてはいけない。一緒に楽しむことで、個性を持ち全身を使って遊びの中で自己表現をしている子どもの行動が理解ができるようになってくる。

2　イメージの中での行動

　子どもはいつも自由に、自分のイメージの中で自己表現している。活発に行動しながら一つの遊びに取り組む子ども、興味のあることに興奮し友達と走り回っている子ども、同じ場所でじっと何かを観察し、考えている子どもなど、さまざ

泥遊びを楽しむ

まな行動パターンがあるが、常に頭の中では自分の想像世界でイメージを膨らませ、身体全体、五感を使って身の回りにあるものからさまざまなことを感じ取り、自由に遊びの中で表現しようとしている。

　この何かを身体全体で感じ取っている時点では、子どもはその行動や行為を理解してもらいたいと思っているわけではなく、あくまでも自分の作り出した中にあるイメージの世界を広げ、自己表現を楽しんでいるのである。何かを感じ取り、作ること、表現することに楽しみを感じているのである。

　自分の納得のいく表現ができたときに、保育者に自分の世界の理解を

求めてくることもある。子どもの方から保育者に「あのね…」「見て見て…」と説明をしながら、意見や感想を求めてくる。

　保育者に対する子どもの求めへの対応というものも、その子ども自身が自分のイメージを広げるものでありたい。例えば、保育者が子どもの想像したものと少し違うイメージを言ったり、子どものイメージを発展させた言葉を掛けることで、子ども自身が頭の中で考えていた世界を刺激し、イメージを広げることができる。常に新しい刺激を与えることによって、子ども自身の表現の世界が大きく膨らみ、新たな成長につながることになる。

第2節　創造性を育てるために

1　想像世界の中に見えること

　子どもは生活の中でいろいろなものから刺激を受け、大人が思いつかないような世界で創造性を高めている。保育者は、その自由に発想し自己表現しようとしている子どもの行動に対しての活動環境を整えるとともに、保育者本人の参加によってイメージの世界を広げられるような援助も考えなければいけない。また、子どもが想像し遊びの中で表現しようとしている世界を理解するためにも、保育者自身がふだんの生活の中で何事に対しても観察力をつけ、注意を払い、さまざまな経験を通して感性を高めておく必要がある。

　保育者はあくまでも、子どもたちの想像性を高め、感性の発達を促すために援助するということを忘れてはいけない。保育者本人の感覚を押し付けるのでは、多様な表現をする子どもたちの個性に対応していけない。自分の想像する世界から子どもたちの発達がはみ出してしまうと、対応ができなくなってしまい、「ダメ」と言ってしまうという教育者の

話を聞いたことがある。日々成長していく中でさまざまな表現をし、変化していく子どもたちの対応に対しては、保育者本人のさまざまな経験の中にこそ、楽しみの中で幼児の感性の発達につなげられるヒントがある。

園内での新しい発見

　保育者自身の経験が広がり感性が高まることで、子どもの表現に対して余裕を持った対応ができ、子どもの遊びにも行動観察にも的確な判断ができるようになる。幼児一人ひとりが個性を発揮してごっこ遊びを楽しんでいる中にも、新たな個性の発見や成長がかいま見られ、指導に生かせる行動を見ることができるのである。

2　発達の変化を感じること

　幼稚園での生活の中で、子どもの1年ごとの成長の早さは目をみはるものがある。毎日の生活の中ではなかなか変化に気がつかないことも、園内での各行事や季節の変化に合わせた遊戯や生活の変化の中で、子どもたちの成長を感じられることがある。園内でのちょっとした生活の変化で、子どもたちはさまざまなものを学び、大きく成長する。

　幼児の自発的な表現活動としての遊びではないが、園での年間行事の中で行うお遊戯会やみんなで歌う季節の歌には、幼児の生活の中での成長に大きな影響を与えるものが多い。園内で行われるさまざまな行事も、子どもたちには楽しい遊びへと変化し、創造するための道具となる。また、劇や歌の中に出てくる花や虫などを通して季節ごとに自然と触れ合うきっかけとなり、経験を重ねることで成長していく。

　このように、子どもたちの成長による発想の豊かさや変化は、園全体

での活動や生活の中でも常に発見することができる。年少児が物を擬人化し、一人遊びをすることから、年長になり友達を誘って自分たちだけで遊ぶようになると、園内での共同生活の中で遊ぶ環境が変化するとともに、幼児本人の創造力もさまざまに変化し、成長し、想像する世界も広がっていくようになる。そのような子ども一人ひとりの成長に合わせた対応をするために、保育者は幼児のごっこ遊びの中に出てくる行動の変化に注意を払うことが大切であり、必要になってくる。

第3節　泥遊びの中での発見

1　成長の中で感じさせること

　乳児期から幼児期の成長の中では、子どもたちはありとあらゆるものに興味を持ち、常に五感を働かせ観察をし、何にでも触れてみようとする。乳児期に見られる触った物を何でも口に運ぶという行為は、よく言われていることであるが、直接感覚で物を感じ取る大切な行為である。

　幼児期に入り生活環境が広がることによって、本人がその生活の中で新しく直接何かを感じる対象となるものは、あらゆるものへと増えていく。例えば園内で初めて見る玩具に対しての手触りの硬さや軟らかさ、四季の自然の中で感じるにおいや肌触り、遊具の大きさや複雑さ、おやつなどの味に至るまで、園内にあるさまざまなものから新たな感覚を感じ、学び取ることになる。

道具を使って遊ぶ

好奇心を持ち、何に対しても直接触れていこうとする行動は、新たな感覚を学び取るために大切な行為である。園などで行事として行うことの多い、田植えやサツマイモ掘りなど自然を直接感じているときの子どもの笑顔は、本当に楽しそうで満足感であふれている。

　身体を通して直接触覚を感じ取るということは、物からすなおに刺激を受ける幼児期の子どもにとって大きな喜びである。身体的な成長とともに脳の活動も活発になることから、園での生活の中で触れるさまざまなものが興味の対象となり、子どもの感性を刺激し生活を充実させるものとなっていく。

遊びに集中する

　子どもが生活の中で何かを見つけ感じたときに、歓声を上げながら遊び回る様子がよく見られるが、しかし一瞬にして水たまりで足を止め、そこにできている水の動きに興味を持ち、水たまりの中に入り込み、手で触り、泥水の中にできる模様を作り、泥の感触を楽しむ。視覚、触覚、聴覚、あらゆる感覚を使い、時間のたつのも忘れ、できる限りの表現をしようと試み楽しむといった行為をとる。実際に泥水の中にできる泥の動きはとても興味深く、感触が気持ちよい。幼児が自分で見つけ表現する新しい世界である。自分で思いのままに簡単に表現できる素材としての泥の存在を身近に感じ、その感触を十分に味わうこととなる。

　観察、表現をしている子どもに対しての保育者の対応は、子どもの好奇心を持った行動に対する感想の中に、発見したことへの共感や驚きを伝え、そこで味わっている感覚を次の遊びに発展させ、楽しさを味わうための手助けとしての提案も必要となる。幼児期は、自分で表現するこ

第11章◆子どもの遊びと表現　　*161*

とに対しての感受性が強い。表現感覚の発達の早い子どもたちへ刺激を与えることによって、考えるきっかけとなり、子どもが表現を楽しめるようにする指導が望ましい。

　大人の反応や対応の仕方によっては、子どもが感じる楽しさというものが大きく変わってしまうことになる。いつも同じような単調な反応では、成長の中で次の新しい表現へとつながっていかない。保育者が子どもの自由な遊びの中で楽しさを上手に引き出す指導ができることによって、子ども自身が無意識のうちに表現感覚の成長へとつながっていくことになる。

2　見ることから作ることへ

　水たまりの中に自分自身が入り込み遊びの中で感じた楽しさを、今度は泥や砂を使った自分の思いどおりの世界を表現したいという感覚へと広がっていく。泥水の中では一人でその感覚を味わい、表現することを楽しんでいるが、個人の世界の広がりは友達を誘うことで、共同作業として友達とのコミュニケーションを作り出すことへとつながっていく。友達との遊びの中で、同じ感覚や発想の変化、違いを知ることから、楽しさを共有していく。ひたすら一緒に穴を掘ることを楽しむ、泥や砂を積み上げ山を作る、作ったものに穴を開けトンネルにする、同じ形のものを並べ続ける、形を作ったものに装飾をして想像表現をする、道や川を作り街にしていくなど、お互いに意見を出しながら、さまざまな創造性の中で子どもたちの表現感覚の広がりが生まれてくる。

遊びの世界を広げる

また、泥や砂を使って作り表現することと同時に、作ったものを壊す楽しさもそこには存在する。子どもたちにとっては、作ったものが大切なのではなく、自分が想像・イメージしたものを作り出せるという喜びが大切な

イメージを共有して遊ぶ

のであって、どんなに一所懸命に作ったものでも執着することなく一瞬にして壊し、また新しい創造の世界へと入っていく。新しいものが作れることへの喜びが目の前にあるので、ためらいがない。
　無限に広がり続ける子どもたちだけの想像を楽しめる、大切な時である。その子どもの世界を広げるために、保育者が遊びに使えそうな遊具の提供や言葉による援助をすることは、表現指導の中で必要となる。
　幼児期に行われる自由な発想に基づく表現感覚というものは、成長の中で子どもに与える影響が大きく意識の中には残っていかないが、幼児本人の感覚に対して大切なものになってくる。

第4節　ごっこ遊びのコミュニケーションの発達

1　一人の想像からみんなの世界へ

　幼稚園での生活の中で、幼児は常にさまざまな世界を想像し、その想像した世界の中で友達と遊び、その遊びの中で日々成長していく。
　幼児期の初めは、一人遊びの中で物に対して話しかけ、自分だけの世界の中で想像をめぐらせ、物語を作って遊ぶ。女の子の場合には、お

人形さん遊びの中で人形に話しかけ、親になり、幼稚園の先生やお姉さん、あるいは自分の興味を持っている職業の人になりながら、イメージを膨らませる。男の子の場合では、テレビのアニメやヒーローものの影響が強く、一人で格闘する姿がよく見られる。自分が主人公に変身し想像した見えない相手と対戦することで、イメージの世界でのヒーローになる。両者どちらの場合も、1人から2人、3人へと一緒に遊ぶ友達が増え、共通のイメージの中で楽しみが広がることによって、ごっこ遊びの中でコミュニケーションを学ぶことになってくる。

ごっこ遊びを楽しむ

　また、単純でわかりやすく多くの子どもたちが共有しやすいごっこ遊びでは、共通のイメージを理解しながら遊びの範囲が広がることにより、数人のグループのごっこ遊びとして仲間意識を育てることにもなる。子ども同士で役割を決め、工夫をしながらさまざまに発展させていく。ここで保育者が、遊びを発展させるために必要な補助遊具の準備をして遊びの中に参加することで、まとまりのある遊びに誘導することもできる。

　保育者がクラスの友達を誘いまとめる中では、なかなか遊びに入ってこられない幼児への配慮も必要になる。幼児の月齢による成長の度合いや社会性にも一人ひとり個人差があり、また、それまで生活していた環境によっては、コミュニケーションのうまくとれない子もいる。子どもの個性をしっかりと把握し、指導の中で自己表現の上手にできない子などに対しては、積極的な保育者の補助が大切である。

2　共有する創造世界の広がり

　一人遊びから数人のグループへ遊びが発展し、友達同士で共通意識を持ちながら行動するごっこ遊びを通じて、幼児はお互いに相手の気持ちを感じ、コミュニケーションのとり方を学んでいくようになってくる。また、園での生活や劇の物語の中から影響を受け、劇中の主人公になり物語を自分たちで創造し、コミュニケーションをとりながらごっこ遊びへと発展させることもある。

　幼児の生活の中では、園での生活において成長へとつながる影響を受けることが特に多い。自分たちのごっこ遊びの中に保育者を誘うことで、遊びや表現に感覚の成長や理解を求め、または変化を期待してくる。ここでも保育者は子どもが想像した世界に積極的に参加することによって、子どもたちを観察・理解することに役立て、また、保育者が遊びに参加することで、興味を持って見ていた周りの子どもたちがそのごっこ遊びに入りやすくなる。

　例えば、ごっこ遊びがクラス全体へと発展することによって、子どもたち同士がまとまりを作り出すことにもつながっていく。子ども同士がまとまり共通意識を持てるようになることで、精神的な成長ともなり、子どもたちだけでルールを考え、作り遊ぶようになってくる。休み時間や自由時間にお互いに集まる場所を約束して遊びに参加し、それぞれが意見を出し合いコミュニケーションをとりながら自分たちの遊びを作り出すようになる。

　この段階で子どもたちの自立しようとする気持ちが生まれてくるので、保育者の子どもに対しての接し方にも、自立を促すような変化が求められるようになる。保育者は、幼児期の成長の早い子どもの精神的な変化に対しても注意をする必要があり、行動の中で感じ取る観察力を身につけなければいけない。

3　ごっこ遊びの変化

　情操教育として自己表現や感覚の発達、コミュニケーションに必要なごっこ遊びであるが、社会状況や家庭環境によってさまざまな影響が出てきている。コンパクトゲームなどによるデジタル化や少子化による影響が、子どもたちの遊びの中にも影響している。

　子どもは、幼児期に自然の中で直接感じることによって、純粋に感覚を身につけ感性を発達させている。この大切な時期である幼児期に、感覚を使って遊ぶ経験が少なくなることは、後の精神的な安定や感性の発達のためにも影響が大きいので、保育者として気をつけたいところである。

　マンガやアニメの影響というものはその時代特有の作品があり、その中から自分のヒーローやヒロインが生まれてくる。その中で、自分が主人公として一人の想像遊びが始まり、友達とのごっこ遊びの中でコミュニケーションをとりながらお互いの関係も作り出してくる。

　しかし、ゲーム機などでは一方的に与えられるだけで、空想し、自分の世界を想像するような状況は生まれてはこない。また、お互いがそれぞれのゲームをしているだけでは、情操教育として必要な相手と意見を出し合い、感情表現をしながら一つのものを創造していくことにはつながってはいかない。

　中学校や高校での美術の授業の中でも、自由に創作するような課題になると、何も発想が浮かばずに課題に取り組むことができない生徒もいる。すなおに自由に表現活動ができる幼児期だからこそ、生活の中で想像力や触覚といった感覚を使った表現力を十分に身につけ、発達させられるような経験や友達とのかかわり、教育が必要となってくる。

　また、家族ごっこのような身近な生活を想像して遊ぶ場合にも、少子化による家庭環境の変化による影響からか、親役やお兄さん役、お姉さん役をやりたがらずに、ペット役をしたがる子どもが増えてきている

という話を聞いた。少子化によってペットを飼育する家庭が増えてきて、動物との触れ合いの中で優しさを学び、かわいがる気持ちは大切であるが、自由に、思いのままに行動ができるペット役に人気があるというのは、いつまでたっても甘えることばかりを考えてしまい、幼児期の精神的な成長にとって気になるところである。

　幼児期では、ごっこ遊びの中で親やお兄さん、お姉さんといった大人や年長者のまねをすることによって、それぞれの立場での自らの行動に対して考える経験となり、精神的な成長をしていくものである。その後の小学校での生活の中では、教育環境の変化とともに、遊びの中でイメージを膨らませて経験するようなことが少なくなり、学業中心の生活へと変わっていってしまう。そういった意味でも、幼児期に経験させておきたいごっこ遊びの一つである。

　子どもを取り巻く生活環境というものが時代とともに大きく変化している状況の中で、保育者は教育指導者として自覚し、社会的な変化に対しても子どもの成長における変化においても、指導の中で柔軟に対応できるように、幼児の行動や表現するということに対して常に新しい感覚を身につける努力をし、考えていかなければならない。園内を自由奔放に走り回り、常に新たな表現行動をする幼児であるが、遊びの中で思いっきり自己表現をしようとしている幼児一人ひとりを常に注意深く観察し、表現されている行動を理解し、成長の手助けとなるような指導をしていきたい。

　保育者は、幼児の成長の変化を感じ取り指導できるような気持ちの余裕を常に持つために、親同様に幼児と共にさまざまな経験や工夫を重ねることによって成長し、表現者としての幼児を理解することから、どのような表現に対しても一歩進んだ、幼児期の精神的な発達を導いていける指導ができるように、常に観察力や注意力を持って幼児とかかわっていくという気持ちが大切である。

　　　　　　＜取材協力：二宮房子（二俣川幼稚園副園長）＞

【参考文献】
　谷田貝公昭監修『造形』(保育内容シリーズ6) 一藝社、2004年
　クラウス・ルーメル編『モンテッソーリ　教育の道』学苑社、1993年
　ハーバート・リード／宮脇理ほか訳『芸術による教育』フィルムアート
　　　社、2001年

第12章
表現活動の指導法

北角きよ子

堀田　和子

この章の前半では、自由で自立した人間を育てることを目標として独自の総合的教育を各国で展開している、人智学者シュタイナーが創始したシュタイナー教育を取り上げる。また後半では、子どもは自分を成長させようとする内的生命力によって環境を吸収し、自分を育て適応させるという、自己教育の原理に基づいたモンテッソーリ教育を取り上げる。

第1節　シュタイナー教育と表現活動

1　自由への教育

　シュタイナー教育は、オーストリアに生まれたルドルフ・シュタイナー（Steiner, R. 1861～1925）の創始した人智学に基づく教育である。人智学はシュタイナーのカント、ゲーテなどの研究や、自然科学、神秘学の研究から生まれたもので、具体的には哲学、宗教、精神科学、農業、経済、医学、芸術などの多分野にわたる内容を含んでいる。教育はその一分野に当たる。

　シュタイナー教育で目指すのは、高校卒業くらいまでに「子どもが、自分自身をしっかりとらえ、一番深い内部

子どもが登りやすい
シュタイナー幼稚園の木

の欲求から、自覚的に行動できること」であり、それを、自由への教育ととらえている。

　シュタイナーは、人間を単なる肉体のみの存在ではなく、時代を超え場所を超えて転生輪廻する霊的存在としてとらえる。人間は「物質体・

生命体・感情体・自我」の４つの構成体でできており、肉体を持ち、7歳ぐらいまでに「意志」が、14歳ぐらいまでに「感情」が、21歳ぐらいまでに「思考」が養われると洞察し、それぞれの成長段階に適した教育が必要と考えた。

2　7歳までの教育

　乳歯が生え替わる7歳ころまでの課題は、自分の身体の基礎を作っていくことである。乳幼児は周りの世界を全身の感覚でとらえており、感覚体験のすべてが身体を作ることに影響を与える。乳幼児は、感覚印象をすべて良きものとして受け入れてしまうため、生活環境を整える必要がある。衣食住の中に、自然で生命力のあるものを用意し、自然の中にある微妙なニュアンスを感じ取れるように、あまり強すぎる感覚刺激を避け、ゆっくりと、豊かな体験をさせることを心がける。したがって、すべてをまねし、吸収していく子どもたちのために、刺激の少ない優しい色、なるべく自然素材でできたもの、安全な食品、「だめ、やめなさい、急いで」などと言わなくてもよい環境整備が理想と考えられる。テレビなどのバーチャルリアリティー世界の体験では、直接体験の持つ「質」を感じ取ることはできない。知育偏重の教育、教育機器や遊具では、この時期にそぐわない刺激になって、子どもの成長を損なうことになってしまう。なにより、大きな環境としての親や保育者の明るく落ち着いた考えや生き方が、子どもたちの「意志」を豊かに育てることとなる。

　日本のシュタイナー保育所・幼稚園では、生活リズムを整え、季節行

季節の飾り

事を大切にしながら、蜜蝋(みつろう)粘土、水彩画、音楽などの表現活動、植物を育てたり、収穫しておやつを作ったり、砂遊び、ボールや縄跳び、オイリュトミーという身体表現、さまざまな手仕事などを、それぞれの地域や園の実態に合わせて展開している。

　幼稚園時代は、知育偏重ではなく、子どもたちの「模倣する力」に働きかける教育をしていく。教師や周りの大人たちはただ、子どもたちにやってみてほしいことを、自らがやってみせる。描画をし、歌い、体を動かし踊り、動植物の世話をしてみせ、遊ぶ、というようにすべて先生が先に立ってやっていく。こうして、歯が生え替わる7歳ころまでの子どもたちは、全身を感覚器官として、周りの良き環境を模倣し、世界を善なるものと感じ取りながら、肉体の初めの完成を目指すのである。

3　シュタイナー教育の特徴ある教育内容と教具

(1) オイリュトミー

　オイリュトミーは、シュタイナーと、妻のマリー・シュタイナーによって作られた身体表現である。心（意識）と身体を一体として、言葉や音（音楽）を動きに変え、ミクロコスモスとしての身体エネルギーとマクロコスモスとしての宇宙（惑星）エネルギーをつなぐ表現である。

　言葉や音楽を身体表現として目に見える形に表す。子どもたちは音や音楽を心と体に取り込むようにしてごく自然に体を動かす体験をする。また、言葉や形に合わせて動く。

　幼稚園、小・中学校、高校で子どもたちの成長に必要と考えられるものとして行う教育オイリュトミー、一般の大人、専門のオイリュトミストたちの高度で洗練された舞台芸術としての芸術オイリュトミー、医療と連携的に考えられた治療オイリュトミーなど幅広く行われている。

(2) 蜜蝋粘土

　蜜蝋粘土もシュタイナー教育では広く使われている。子どもたちが

万一、口にしても安全で、混色も容易な色粘土が市販されている。寒い冬の日、粘土を手で暖めていると体温で自然に柔らかくなる蜜蝋粘土で、子どもたちは思い思いの造形活動をする。また、季節の飾りなどを教師といっしょに作る。

(3) 水彩画

　多くのシュタイナー幼稚園では、子どもに色を体験させるために水彩画に取り組んでいる。赤・青・黄色の三原色が使われる。ドイツのシュトックマー社製の絵の具がよく使われる。それぞれ2色ずつあり、小瓶に溶かしておいて、やや太めの平筆で描く。

　紙については、あらかじめバットに水を張って濡らしておいた水彩紙の水を切り、机にマスキングテープで張る。濡らしの技法と呼ばれるこの方法で色が紙の上で混ざり合い、流動的に移り変わる色の本質を体験する。子どもたちは、しっとりと濡れた紙の上ににじみ広がる色と全身でかかわっているようだ。

　紙の色彩の本質について、シュタイナーはゲーテの色彩論を研究し、さらに追究した結果、魂との関係について、その著作の中で言及している。われわれは一生の間、色とともに生きる。色に影響され、心身に響かせるようにして生きる。色はそれぞれが独自の波長を持っている。教師の着る洋服の色や、子どもたちが遊んだり、眠ったり、食事をしたり、学習したりするのにふさわしい部屋の壁の色まで配慮する必要がある。

(4) 蜜蝋クレヨン

　線描で表したいときは、蜜蝋クレヨンを使う。小学校で学ぶ「フォルメン線描」や「エッポック授業」で作る「エッポクノート」でも蜜蝋クレヨンが使われている。蜜蝋クレヨンは透明感があり、美しい混色を作り出すことができる。

(5) 手作り人形やおもちゃ、遊具

　シュタイナー幼稚園では、保護者や教師の手作りの人形や工房で丁寧に作られたおもちゃや遊具が用意されている。

　手作りの人形は木綿や絹、原毛などの自然素材を用い、子どもたちに安全で優しい感触を与えている。動物や人間はリアルな表現をあえて避けて、極めてシンプルなデザインで作られる。固定されたリアルな表現によって子どもたちのイメージが限定され、広がりが持てなくならないように考えられているのである。

　同様におもちゃも、さまざまな種類の布や木を素材として、子どもたちの想像力、ファンタジーの力をかきたてるシンプルで安全にも配慮されたものを与えている。

　遊具類も、子どもたちが工夫して遊ぶことができ、想像力を広げられるようなシンプルで、やはり安全で丈夫なものが使われている。

4　7～14歳の教育

　シュタイナー教育は、12年間一環教育を基本としている。歯が生え替わる小学校に入るころから14歳ころは「感情」を育てることが課題であり、「真・善・美」に満たされた教育が必要だと考えられている。教育全体が有機的につながりを持ち、感性を通して学ぶ「教育芸術」であり、子どもたちも神の創られた「芸術」として「畏敬の念」をもって扱われることが大切である。頭だけを使った、知識理解の教え込みとは異なり、身体を使い、感覚を使ったエポック授業、フォルメン線描、前述したオイリュトミーという身体表現などの教育内容が実践されている。

　乳幼児期には大人たちが良き「環境」である必要があった。この時期、教育者は子どもたちの良き「権威」として存在しなければならない。

5　14歳からの教育

　14歳を過ぎるころからは「思考」が養われていく。子どもたちは、

自然界の関係性や法則性を見つけ出し、因果関係を考え、認識するようになっていく。また、自分自身についての発見や、自分自身との出会い、さまざまな人との出会いを体験し、世界や自分についての認識を深めていく。シュタイナー教育の目指す「自由で自立した人間」として、一生を通じて成長していくのである。

第2節　モンテッソーリ教育と表現活動

1　モンテッソーリ教育の環境

　イタリアの精神科医マリア・モンテッソーリ（Montessori, M. 1870～1952）は、1907年ローマで「子どもの家」を開設した。現在も世界中にその教育法は広まり、海外では小学校・中学校にも取り入れられている。
　幼児期は人間の人格をつくる基礎と考え、子どもを一人の人格のある者として尊重し、幼児の発達に必要なすべての生活環境を準備した。子どもが自分で活動を選び、子どもの心・興味・能力に応じて活動できるよう、用具、室内構成、屋外や教具など環境を3つの場面から考えて整えた。

(1) 人的環境

　教師は子どもと環境を結びつけるディレクターであり、子どもの自己活動を援助し、発達に必要な用具や教具を準備し、その扱い方、話し方、立ち居振る舞いなど、子どもが見て学ぶ対象として教師を養成した。
　保育形態は、3歳から6歳の異年齢縦割りである。年長児は自分の好きな活動をする傍ら、年少児に活動を教えたり助けたり、人を援助する喜びを体験する。また年少児は、助けてくれる年長児を慕い、よき見本として見て学び、できることを互いにシェアする育ち合いの環境を準備

した。

(2) 物的環境

いす、机、ぞうきん、洗濯道具、食器、台所調理台など、おもちゃでなく本物で子どもサイズであり、一人で活動でき、安全でやりたくなる魅力あるものにした。また自然や小動物なども、子どもが世話をできるように準備した。

教具・教材は5つの領域に大別され、①環境をより良く住みやすくするため、心身をコントロールする生活教具、②五感を洗練し、環境に適応できる力を養う感覚教具、③知的活動として論理的思考力を養う数教具、④話す・聞くから文字を読む・書くまでのコミニケーション力を養う言語教具、⑤環境をより広く深く知るための文化教具(歴史・地理・生物・美術・音楽・宗教)による活動と幅広い。本物の学問に通じる幼児期の初めの興味と知的好奇心を引き出し、学ぶことができる環境を準備した。

(3) 自由と規律

教具・教材を領域別に配置し、子どもが自己選択する。主な教具は各クラスに一つずつ用意され、子どもは自分の興味や能力、敏感期に即して活動する。友達と一緒に活動することもあり自由意思を尊重する。

活動を自分で選ぶことで、集中力、工夫する力、やり遂げようとする意思などが育つ。自分の自由を生きることを学ぶと同時に、他の子どもも自由に活動することを尊重する。ここに一つの規律が生まれ、相手を尊重することと自分をコントロールすることを学ぶ。

2　表現活動を準備するモンテッソーリ教育

モンテッソーリ教育環境では、生活そのものが自己表現の場であり創造的生活の場である。何をどうしたいのか自分で考え工夫し、やろうと

したことができた達成感を味わい、自分の個性に自信を持つ（自己容認・自己表現力の育成）。

できたものへの愛着があり、大事にする心、他の人の作品を楽しみ、学び、鑑賞する気持ちが育つ（道徳心・鑑賞能力の育成）。掃除・洗濯、編み物、料理など生活に生かす能力を高めることができる。

「リーフキャビネット」を応用し、いろいろな葉の形を生かして制作

その活動は、イメージを思い浮かべ、素材を選び、素材を通してイメージを具現化するという造形活動と多くの点で一致する。

モンテッソーリ教育では、ファンタジーやごっこ遊びなど子どもが自ら遊ぶことは禁止しないが、教師側からいたずらに持ち出すことはない。子どもが、現実の生活を体験することを通して事物を表現するための基礎知識や感じる心を育て、物を見る目、作り出す器用な手を準備することを大切にしている。特に感覚教具での活動を通して、造形活動と密接にかかわってくる。

3　感覚教育と表現活動

視覚を育てる教具では、3次元の環境の中で物のサイズの違いを4種類に分けそれぞれに10の段階をつけ、40個の円柱から同じものを探して対にしたり、大きさの変化の次元に気づき段階差を付けて積み上げ、調和の美しさを楽しむ。この活動を通して大きさを正確にとらえることや、バランスへの審美眼が育つ。

色板では、三原色やその混色、明度の差があり、同じ色を環境の中から見つけ、基本色相や明るさの違いを識別する。

また一つの色相ごとに、濃淡が7段階あり、9色の色相の濃淡の流れを構成する。微妙な色の違いを識別し、色彩感覚を育てる。初めは、1色の濃淡7段階を順に並べることから、しだいに2色3色と混ぜ、最後は9色7段階63枚の色板を順不同にし、その中から同じ色相の仲間を見つけ、濃淡の順に並べる。プリーツスカートに見立てて流れを作ったり、花畑に見立てて丸く濃淡を並べたり、虹色を調べて場面一面に虹を表現す

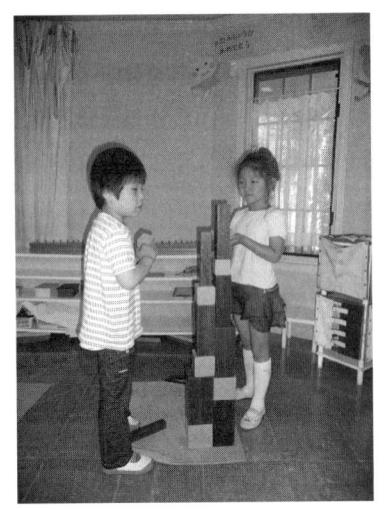

「ピンクタワーと茶色の階段」。同じ面を持つ角柱を組み合わせ、塔を作る

る。どんなイメージも濃淡の美しさに沿って表現することができ、絵画活動や制作活動で色に対するセンスが発揮される。

　形では、その基本形を認識することを大切にし、幾何の基本図形（円、正三角形、正方形）から、しだいにいろいろな四辺形や三角形、曲線図形など36枚の図形の違いを識別し、カードの図形と一致させたり、環境の中から同じ図形を探して分類する。

　また別の教具では、さまざまな三角形が入った箱があり、その三角形の辺の長さや角度の大きさに合わせてさまざまな幾何図形を作り出す。図形が三角形を基本に構成されていることを知る。十分理解したら、三角形の辺と角度の大きさをよくとらえ、子どものイメージで乗り物、昆虫や動物などを構成する。身近なものが、三角形を組み合わせると作りやすいことがわかり、図形の特徴をよく理解し、デザインや平面構成などの表現に生かされる。

　触覚は、さまざまな布や事物をよく触って手で感じ、そのものの持つ質感をとらえていく。身近な服や縫いぐるみ人形、コラージュやクリス

マスの靴下作りなど、布を扱う表現活動ではその力が発揮される。

秘密袋では、貝や木の実など、手だけで袋の中の物を当てる。しだいに質感が同じで形だけ違うもの、同じ形で質の違うものなど、より難易度をつけ、手で実物の立体感や質感を識別する。

また、幾何の基本立体10種（球・立方体・三角錐・円錐・四角錐・四角柱・円柱・三角柱・楕円体・卵体）を見ないで手だけで見つけ、物の基本の立体識別力を養う教具がある。建物や遊具、リンゴやタケノコ

「9色の濃淡の色板」。63枚の板から、7段階の濃淡を識別して順に並べる

濃淡の美しさを考えて自由に図案を作る

など身の回りにはさまざまな立体物がある。それらがどんな立体でどの分類に入るのか、環境の中から探す。粘土や厚紙で立体を作ったり、操り人形やひな人形を制作するときには、平面でなく立体的に顔や身体を作ることができる。

温度や重さ、味覚・嗅覚などの教具も、まず基本の違いに気づかせ、次に環境の中と対応し、しだいに応用する、という過程を経てイメージを形にする表現活動に進んでいく。

つまり、モンテッソーリ教育では、私たちの身の回りの環境をよく知り、自分の手を通して身体の中に記憶し（筋肉記憶）、教具で活動する

ことを通して体系的・組織的に再認識し、知識として整理された概念を作る。さらに基本と応用部分をつなげ、実際生活の中で適応できる力を養うことが大切だと考えている。

　それらは、ひとたび子どもが活動するときには、感覚を通して準備された色・形・立体感・触覚などが総合的に有機的に生かされる。表現する手は生活活動からすでに始まっており、筆、素材の扱い方、次にどうするかなどの判断力が、造形活動に生かされてくる。

4　直接的表現活動

　前述の活動のほか、色水を混ぜてさまざまな中間色を作り出し、その名称を知る色水づくりや、色環の色を自分で染め、折り紙の材料にしたり、草木染めをして毛糸を染め、それでポシェットを編んだりタペストリーを作ったりする。

　鉄製はめこみ図形の教具で幾何図形を組み合わせて図案を描き、彩色する。デザインや色が決まったらフイルムに写し取り、フェルトペンで彩色し、銀紙を裏から張り付けてステンドグラスのようにし、額縁を付けて鑑賞する。

　色、形、のり張りを応用してさまざまな色を濃淡に色分けし、三角形、ひし形、四角形などの基本形に分け、自分の好きな色の配色で、美しい幾何図形の貼り絵ができる。立体では、前述の応用以外にも、さまざま文化活動と関連させて、その時代に生きていた動物や植物を図鑑で調べ、粘土や切り紙でジオラマのように作る、などなど。基礎ができているので、あとは子どものイメー

「鉄製はめこみ図形」
色と図案を考えてデザインする

ジを創造的に表現できるよう、教材などの環境を整えればいつでも表現活動が楽しめる。

留意点として、次のようなものが考えられる。

①1年の生活を通し、表現活動の基礎となる手や動き（切る・縫う・貼る・折る）を体験し、道具が使える手を準備する。

造形「グランドペインティング」
一人ひとり自由に描き、まとまって大きな絵が完成

②色紙や折り紙なども色ごとに分類し、色選びができるようにする。
③植物や動物を飼育栽培したり、庭や公園で自然の体験を深める。
④各年齢に合った表現活動のカリキュラムを作成する。
⑤子どもが活動を選んでいつでも取り組めるように、2～3週間から学期単位のスパンで準備する。
⑥各領域や教具と関連を持たせ、教具の活動から発展し自己表現できるようにする。
⑦保育者は子どもをよく観察し、表現の喜びを共有できるように援助する。

子どもが表現活動をするとき、心の中に場面や動物、物などのイメージを描き、それを実現しようと活動する。そのとき、子どもの中に体験によるイメージがどれだけ蓄積されているか、自然や生活の中で、実体験として記憶することが大切である。

教師のイメージを押しつけていないか謙虚に観察し、子どもの生活、例えば、掃除や洗濯でも、それは自己表現の活動であると理解し、子どもが今何を学び、何を必要としているか気づき、自己実現できる環境を創造するのが、保育者の役割となる。

【引用・参考文献】

上松佑二ほか『シュタイナー芸術としての教育―大教育家を語る』小学館、1988年

子安美知子『シュタイナー教育を考える』朝日文庫、1987年

モンテッソーリ/阿部真美子ほか訳『モンテッソーリ・メッソド』明治図書、1974年

E・M・スタンデイング/佐藤幸江訳『モンテッソーリの発見　人間らしく育つ権利』エンデルレ書店、1975年

クラウス・ルーメル『モンテッソーリ　教育の精神』学苑社、2004年

クラウス・ルーメル編『モンテッソーリ　教育の道』学苑社、1993年

第 **13** 章

子どもの絵の見方と評価

山村 達夫

子どもの絵（作品）を考えるうえでの大切なキーワードである「絵を通しての子どもの受容」、さらには「評価」あるいは「見方」ということをめぐって、教育実践の現場にいる先生方との対話を通して考えてみようと思う。

第1節　「評価」を支える「見方」

　一般的に、評価を行うためには、なんらかの活動や実践が行われていることが前提となる。その活動を評価する場合、活動の結果を評価する場合もあるし、活動のプロセス（過程）全体を評価することもある。試験の結果のみから成績を付けるというのは前者であるし、例えば自宅で予習した単語の練習を教師に提出し、家庭学習や日常の受講態度を試験の結果と合わせたり、それを加味したりという評価の仕方は後者となる。

　また、教育実践や教育活動は、計画に基づいて実施されることが一般的で、この場合、活動を実施するに当たって、その計画が適切であったかどうかを評価することが可能である。計画というのは、実践をイメージして立案されるのだから、イメージと実践が一致したのか、どうズレているのかを評価することになる。活動そのものを評価することも可能である。当然、計画と活動をセットにして評価することもあるが、次回の活動時に、どのように改善へと結びつけるのかを考えるうえでも、評価という活動は有効である。

　それでは「見方」というのはどういう意味があるのであろうか。「見方」には、2つの側面がある。1つは「見る方法、見る方面。ある物事を見てそれについて考える方法」であり、もう1つは「ある立場から物事を考える方法。考え方、見解」という側面である。

　イソップ童話に見られる「アリとキリギリス」のお話は、夏場にせっ

せと冬支度をしていたアリと、歌を歌っていたキリギリスが対比されているが、これも、冬の厳しさをイメージして準備をしなければ、と考えたアリの計画性が適切であり、前もって準備しておくことの大切さが教訓として含まれている。しかしながら、冬場の状況だけを見れば、食べ物がなくて困っているキリギリスは気の毒で、助けてあげないアリの姿に憤りを感じる評価というのも成り立つのである。

　ここでの大きな違いは、プロセス（過程）を加味するかどうかということである。プロセスを加味しない結果のみの評価は、基準を明確にしないと味気ないものになるばかりではなく、努力が報われないものとなる。こうしてみると、計画を立てるときになんらかのイメージがあって、その計画を基に実践や活動を行っていくときには、評価という活動も比較的容易であることに気づく。これは、イメージを持つことが、評価活動を支える役割をしているからである。

　もう1つの側面である「ある立場に立つ」という意味を考えてみよう。例えば、一枚の画用紙に家族の顔が描かれているときの構成から子どものことを考えてみる、というような方法である。この子の絵の中では、お父さんが大きく中心に描かれていて、家族関係に健康さを感じるなあ、というような見方である。この場合には、分析的な立場から絵を見て評価しているのである。

　教育実践の現場では、特に、幼稚園や保育所といった就学前教育においては、評価という作業はあいまいになりやすい。それは、自由画帳に描かれるような絵を通して子どもを理解する、つまり子どもの発達を理解するうえでの、一つのツールとして絵をとらえるという場面と、運動会の絵を描きましょう、遠足に行ったあとに遠足の思い出を描いてみましょう、消防署に見学に行って消防車の絵を描きましょう、というように課題を与えて絵を描く活動が混在するからである。前者の場合には、評価者の想像力が要求される。後者の場合には、教師も子どもも同じように経験をしているので、こんな部分に印象を持って描いている、そう

いえばこんなところに興味があったようだな、といった子どもの様子と描かれたものを一致させることが容易であるため、教師は評価も行いやすいといえる。つまり、評価という活動に当たっての情報量が多いということである。

この情報量というのは、評価ということを考えるうえで、大切なポイントになることをここでは指摘しておく。

では、この情報量を増やすには、どうしたらいいのだろうか。次節からは「幼稚園教育要領」に示されている「領域表現」の概要を心に留めながら、さらに自由画帳に描かれる子どもの絵を資料として考えてみる。

第2節　領域「表現」の概要

筆者は、立場上いくつかの絵の審査員を行っている。そこでの「評価」は格付けであり、すなわち特賞、あるいは金賞、銀賞といった「格」を付けることになる。審査員は、いくつかの観点をそれぞれが持っているように感じられる。例えば「概念的でないか」「確固とした自信にあふれているか」「驚き、感動が率直に表れているか」「発想、内容が新鮮であるか」「美しい色、形、線、空間性を持っているか」「子どもらしい素朴さ、ユーモアにあふれているか」「誠実で密度のあるしっかりとした作品か」「その子らしい個性にあふれたオリジナリティーがあるか」「描画材の特性を理解し、それを生かした作品であるか」「自主的・主体的発想を表現化しているか」というような観点があるようだ。

ところが、教師や保育者は、保育室の中でそのような格付けの行為を行わない。ではどのような行為（実践）を行っているのだろうか。

その手がかりを2008年3月に文部科学省から告示された「幼稚園教育要領」（以下「教育要領」と記す）の中に見てみよう。

「子どもが絵を描く」という活動は「教育要領」において、表現の領

域に位置づけられる。「表現」の領域は、1989年の「幼稚園教育要領」の改訂において、それ以前の教育要領において区分されていた「音楽表現」と「絵画制作」が統合されたという経緯があり、今も当時の考え方が踏襲されている。このあたりの事情について、無藤隆氏は以下のように述べている。

> 領域「表現」については、現在の幼稚園教育要領でも、かなり表現の本質を考えてつくっています。実は平成元年以前には、基本的に音楽表現と、図工の表現である絵画製作の2つがありました。しかし、平成元年の改訂の際に、表現方法は、音楽や絵画製作に限らないのではないかという考え方から、現在の「表現」という形になりました。つまり、音楽なら音による表現、絵画製作なら形による表現ですけれども、それ以外にも、身体による表現等、<u>本来、表現とはもっと広いものではないかということです</u>。その根本にあるのは、子どもの感性と自己表現、自分なりの表現です。今回の改善の方向性は、<u>自分なりの表現をするときに、でき上がりがちゃんとしているというような結果だけでなく、表現する過程自体を子どもが楽しむことをもっと大事にしようというものです</u>。例えば、先生が指導するにしても、子どもが表現しようとしている過程を大切にしながら、環境を構成していくということです。
>
> （幼稚園教育要領の改善の方向性について 座談会 http://www.mext.go.jp/a_menu/shotou/youchien/07121722/001.pdf#search=「1989年告示 幼稚園教育要領 審議経過報告書」。傍線筆者）

このような考え方は、2007年11月に示された「教育課程部会におけるこれまでの審議のまとめ」という報告書の中でも次のように記述されている。

> 幼稚園での生活の中で、音楽、身体による表現、造形等に親しむこと

を通じて、豊かな感性と自分なりの表現を培うことが大切であることから、表現する過程など、表現に関する指導を充実する。

（「教育課程部会におけるこれまでの審議のまとめ」http://www.mext.go.jp/
b_menu/shingi/chukyo/chukyo3/siryo/07110606/001.pdf）

　さて、こうした考え方を反映し、「表現」の領域では次のようなねらい（幼稚園修了までに幼児に育つことが期待される心情、意欲、態度）が記述されている。

　　(1) いろいろなものの美しさなどに対する豊かな感性をもつ。
　　(2) 感じたことや考えたことを自分なりに表現して楽しむ。
　　(3) 生活の中でイメージを豊かにし、様々な表現を楽しむ。（傍線筆者）

　このねらいから読み取れることは、絵を描くという活動は、自己を「表現」しようとしている行為の一部としてとらえるということである。その子なりにどんなことを表現しようとしているのかという心情に思いをはせる、あるいは想像してみることが求められている。この教師の行為そのものが評価という活動につながっていくことになる。
　そして、このようなねらいを達成するために、内容（「ねらい」を達成するために幼児が経験し、教師が指導する事項）について以下のように規定されている。

　　(1) 生活の中で様々な音、色、形、手触り、動きなどに気付いたり、感じたりするなどして楽しむ。
　　(2) 生活の中で美しいものや心を動かす出来事に触れ、イメージを豊かにする。
　　(3) 様々な出来事の中で、感動したことを伝え合う楽しさを味わう。
　　(4) 感じたこと、考えたことなどを音や動きなどで表現したり、自由に

かいたり、つくったりなどする。
（5）いろいろな素材に親しみ、工夫して遊ぶ。
（6）音楽に親しみ、歌を歌ったり、簡単なリズム楽器を使ったりなどする楽しさを味わう。
（7）かいたり、つくったりすることを楽しみ、遊びに使ったり、飾ったりなどする。
（8）自分のイメージを動きや言葉などで表現したり、演じて遊んだりするなどの楽しさを味わう。

　気づいたり、感じたり、触れたりすることを通して、それを言葉で伝え合う。そうした学び合いの中に子ども自身が身を置くことで、再び何かに気づき、感じたりしていく。このプロセスを積み重ねていくのが子どもの学びである。上記の「内容」の構成は、まさに「学び」ということのプロセスを考慮して記述されていると言ってよい。子どもたちが「絵」を描くことで自己表現していくというのは、この学びのプロセスにおいての一つの方法であることに留意しなければならない。
　そして、以上のような内容を取り扱うに当たっての留意事項が記述されているが、その中で、本稿に関係するところが次の部分である。

（2）幼児の自己表現は素朴な形で行われることが多いので、教師はそのような表現を受容し、幼児自身の表現しようとする意欲を受け止めて、幼児が生活の中で幼児らしい様々な表現を楽しむことができるようにすること。

　「素朴な形で行われる表現を受容する」あるいは「表現しようとする意欲を受け止める」、そして「表現を楽しむことができるようにする」、この間には、どんな魔法が存在するのだろうか。そして、この表現のポイントである「楽しむことができるようにする」ことに留意するとは、

どう理解したらよいのだろうか。これは、技術や技能という点で「できるようになる」ということではなく「楽しむ」という心情面に配慮することである。私見であるが、楽しみながら物事に取り組む姿は意欲的である。教育の世界において最も難しいと思われる「意欲を育てる」という課題が示されていると考えられる。

第3節　保育実践の場における感覚

　幼児教育の実践という現場では、課題を与えて絵を描かせる活動ばかりではない。むしろ子どもが自由に描き始めることのほうが多い。
　こうしたことを踏まえ、保育室に目を転じてみると、子どもたちはいろいろな活動をしている。ある子どもが、ロッカーから自分のクレヨンと自由画帳を持ち出して、何かを描き出す。その姿をじっと見守る教師もいれば、子どもに「絵をかくの?」と、問いかける教師もいる。
　ここで、筆者が関係する幼稚園の教員に登場してもらおう。本庄圭祐教諭である。彼は、大学を卒業後、保育所の保育士として4年間勤務した後、幼稚園の教諭として活躍している。本節からは、彼との意見交換から浮かび上がってきた事柄を記述することで、読者の皆さんにもいっしょに考えていただきたいと思う。意見交換をするに当たって、以下の2つを柱とした。
　(1) 絵をかくプロセス（過程）にどのようにかかわるのか
　(2) 作品に対してどのように向き合うのか
　筆者と「絵をかくプロセス（過程）にどのようにかかわるのか」ということを話し合っているとき、彼はこんなことを話していた。「例えば、子どもが誰かの顔をかいて持ってきたときに、目は2つあるか、鼻はあるかということが気になる」と言うのである。
　「気になるの?」という筆者の問いに、彼はこう付け加えた。「事実で

子どもが描いた人の顔

はないから。目は2つあるんだから書いてほしい、と思うんですよ」。

筆者自身、彼の話に釈然とせず、しばらく考えていた。つまり、彼の主張は、事実としてあるものを描けるように援助しているということなのである。絵に確かさを求めているともいえる。顔の絵をかくのであるから、目や耳やまゆは2つ、鼻や口は1つかいてほしい。それを子ども自身がわからないのだから、教えて付け加えさせるということで、いまわからないことでも、教師が教えたり、いっしょに活動することでできるようになる。そういうことを言いたかったようだ。

しばらく考えた後、彼は「目があるかないかということで、ある評価をしてしまっているんですかね」とつぶやいていた。

翌日、「昨日は、評価などしていないと話していたが、このように話をしているうちに、目が2つかけている絵、かけていない絵で線を引いてしまい、知らず知らずのうちに評価しているのではないかと思う。子どもがかいた絵に『画用紙に白いところあるからもっと塗ろう』と話すことや描いたものを正しい色で塗っているかいないかということも、ある意味で評価しているのかもしれな

機関車

第13章◆子供の絵の見方と評価

い」。

「それは、教師自身がかく絵に近づけようとしているのではないかな。それは子ども自身の絵ではなく、教師のかく絵にならないかな」などと筆者が話した後、彼は自らの体験を語ってくれた。

「小学校の図画工作の時間は、担任の先生によって指導方法が全く違った。版画の下書きで、4年生の時の担任の先生は僕がかいた下書きを良いとは言ってくれず、指導され何度もかき直しをさせた。5年生の時の担任の先生は、すぐに『板に写していい』と言ってくれた。5年生の時のほうが楽しく授業を受けられたが、指導されることはなかったので、今考えると、それで良かったのかどうかと思う」。

では、ここでもう一度、絵に「確かさ」を求める、ということを考えてみようと思う。前述した彼の「目が2つかけている絵、かけていない絵で線を引いてしまい、知らず知らずのうちに評価しているのではないかと思う」という考え方は、本当に否定されるのかということである。

彼は、こんな主張もしていた。「子どもの発達に伴って、顔の絵にもしだいに目が描かれたり、鼻が描かれたりしていけばいいが、そうとは言えず、子どもが描いた絵を見て教師が『目は2つ』『鼻をかくこと』などと指導してかくことができるようになれば、それが成長になると思う。その成長を支えていくことが教師の仕事ではないかと思う」と。

これに関連し、彼は、最近の保育室内におけるエピソードを語ってくれた。3歳の女の子が絵をかこうとしているとき、「何をかくの」と声を掛けると「海をかくんだ」と答えた。その女の子に「海に行ったんだ。どうだった?」と尋ねると、少し考え「砂と水があった」と言いながら描き始めた。

海と太陽

水色のクレヨンで海をかいて「できた」と見せにきた。絵を見ると、水色で海だけが描かれていたので、実際に見た物をもっと描いてほしいと思った。「ほかに海に何があった？」と尋ねると「太陽」と答え、太陽をかき加えていったのだという。

　この考え方にも一理ある。というよりも、教育という営みを考えた場合には、正論でさえあるようにも感じる。しかも、教育の世界は無限的な保障が可能ではなく、時間的な制約を有する場である。子どもの絵を見て未完成であるというのは大人の見方であると思うが、限られた時間の中で「完成」させたくなる。つまり、子ども自身の主体的な活動を「待つ」ことができない状況があることにも留意が必要である。

　こうした教師の思いには、次のような背景もある。例えば幼稚園や保育所で開催する作品展は、子どもの作品を比較することを意図していないにもかかわらず「比較」という見方をする保護者も存在する。保護者の見方は、次のように大きく４つに分けられると思う。

	教師の指導結果が見える	教師の指導結果が見えない
子どもの力が見える	○	△１
子どもの力が見えない	△２	×

　この表中の△印の部分をどうするのかということが、実践の現場での課題なのではないかと感じる。つまり、教師と保護者の見方のズレあるいは違いが、評価観の確立を難しくしている。

　作品の仕上がりに差があると、「私の子どもは指導してもらっていない」と思われる。△１に当たる部分である。これは、まさに作品に向かい合うときに「比較」という観点から、教師の指導に対して評価するものである。子どもの作品に向かい合っているとは言いがたい姿である。

　そのため、教師が子どもの作品に手を加え、みんな同じように仕上げることとなり、見る側の想像力を阻み、おもしろみがなくなる。また、同じような仕上がりになるよう、活動中に意図的に子どもに働きかける

こととなる。これは、誘導的な保育実践となり、指導の目的やねらいが全く定まらない実践である。親のために、あるいは教師自身のためにというぐあいで、子ども不在の実践となってしまう要因の一つである。

　これに対し、教師の指導が行きすぎると、子どもの実際の姿が隠れてしまい、どの程度子ども自身の力で描いたのかが見えなくなってしまう。△2のケースである。ときおり子育てを経験したお母さんたちと話をすると、「本当に子どもがかいたのかなあ、って思うんですよ。子どもが自分の力でかいたものを見たい」という声を耳にすることがある。反面、中には、教師が手を加えた絵の作品をそのまま自分の子どもの作品であると思い「家では、こんなに上手にかかないので驚きました」と話す保護者もいる。また、筆者は、いくつかの絵の審査会にも関係しているのであるが、ほぼ全員消防車の絵が同じ構図で、同じ描き方をして出品してきたときには驚かされたものである。子どもの目には消防車のタイヤが大きく見えるのであろうが、どの絵も同じように大きく描かれていた。まさに審査員泣かせの作品群である。

　このように、子どもが描いた作品という「結果」をどう見るのか、またどう評価していくのかというのは、かなり複雑な様相を示すのが、就学前教育における実践の現場なのである。

　ここで仮に、子どもの絵は未熟である、という見方をしてみよう。どうしたらこの絵は熟していくのだろうか。このように「未熟」という見方には、子どもの可能性が内包されている。子どもの可能性に思いをはせれば、教師は想像の世界に浸ることができる。

　「どうしてこの子の顔には目がないのだろうか？」あるいは「この子の海の絵には水だけが描かれているなあ」ということも、プロセスに目を向け、どのようなかかわりを持つかということで「評価」の質が変わってくる。

　筆者の娘が3歳の半ばであったと思うが、筆者の顔をかいてくれたことがある。大きな丸の中に、とっても小さな点の目があって、とっ

ても大きな口が描かれていた。その絵にとても感動したことを覚えている。そのとき、ドキッとする気持ちにもなった。この子にとって、私の口はどんな意味があるのだろう。これだけ大きくかくのだから、何かあるんだろうな。もしかしたら、私の口から出る言葉やその響きに敏感になっているのかもしれない。子どもの心に響く言葉を使うよう心がけよう。目がとても小さいのは、自分を見てくれているという実感が生まれていないのかなあ、などと考えたからである。感動したり、ドキッとしたり、いろいろ考えたり、まさに筆者自身の「自己内対話」の世界である。だから、子どもの絵はおもしろいのである。教師も教師自身が、こうした自己内対話を経験したとき、子どもの絵の見方はがらりと変わるのではないか。

娘が描いた父親の顔

　筆者は、こんな感じの「見方」の立場をとりたいと思う。未熟な果物が熟して美味となるように、子どもの絵が熟していくのを待ちたいと思う。そうした過程を経る中で、指導する「時期」、あるいは適期といってもよいと思うが、この見極めをしていくことが大切なのである。

第4節　対話により評価を深める

1　「誉めると育つ」という神話

　私たちの話し合いの中で、気づかないでいると思われる事柄はどんなことだったのだろうか？　ここでは、2つ取り上げてみる。
　1つは、子どもとの「対話」、あるいはそのときの「対話の質」とい

うことではないだろうか。先の本庄先生は、こんな経験も語ってくれた。「以前の作品展で自画像の背景を黒で塗った子どもがいた。私はその子が活動しているときに黒で塗る理由を尋ね『夜だから黒で塗る』と話したのを覚えている。作品展でその子の保護者は少しムッとしながら『どうして黒なんですか』と納得しない表情で話してきた。私は、その子が描いたプロセスを知っていたので、保護者に話した。そのとき親自身が、子どもなりの理由に驚いていたのを忘れない」。

　保護者に説明するときにも、その基盤に子どもとの対話が必要である、ということをこの事例は教えてくれる。臨場感のある説明をするには、情報量が左右する。しばしば「誉めること」で子どもが育つと言われる。そのため、教育実践の現場では、安易にそのことをとらえているように感じる。誉めるときの言葉「上手だね」「きれいだね」「ここがいいね」——これだけで一見、子どもの活動を認めてあげたような錯覚に陥っているのかもしれない。誉める言葉はもちろん大切であるけれども、誉める言葉で、子どもとの対話にピリオドを打たない配慮をすることが大切なのである。対話は、子どもの心を耕し、自己内対話を促していくことにつながるのである。

　本庄氏との対話は以下のように続いた。

　　本庄「自分が担任するすべての子どもたちに同じようにかかわることで、自己内対話のきっかけが作れればいいと思うんですが、すべてがすべて、できるわけではないところがもどかしい」

　　筆者「それはそれでいいじゃない。その認識を持つことは大切なことだよ。対話を中心に、ある部分では絵でかかわり、ある部分はほかの活動でかかわる」

　　本庄「それでは、みんな平等ではないじゃないですか。みんな平等にかかわっていきたい。教師としてみんなに指導できないというのが悔しいです」

筆者「平等っていうけれど、かかわりの平等というのは、可能なのだろうか。一番の平等というのは、もしかしたら教師が何のかかわりも持たずにいることなのかもしれないよ。でもね、すべての子どもに教師が同じようにかかわることは不可能だと思うけれど、教師と一人の子どものかかわりからほかの子どもが何かに気づきながら自己内対話を促されていくということも、大切な教育という営みの一つと言えると思うよ」

2 意欲的活動の促進につながる評価法を

　教育という営みの中で、評価という活動は部分的なものである。そして、評価という活動も、子どものある部分を評価するにすぎない。さらに、実践あっての評価である。その実践も無限的に保障できるわけではなく、限定保障の論理に立つべきである。その中での工夫や緩みのない努力が求められるのである。

　「評価」という活動の理想的な姿は、子ども自身が意欲的に活動に取り組める促進的な機能となることである。そのため、教師や保育者にはプロモーション的な役割が求められるのである。

　これに関連し、子どもの作品にどのように向かい合うのかという点について簡単に触れておく。これは作品の展示の仕方ということとも関係する。

　筆者はここ数年、ヨーロッパの幼稚園を訪ねている。主に

ウィーンの幼稚園で見かけた
作品の展示法

ウィーン市内の幼稚園が多いのであるが、そこでいつも感心させられるのが、子どもの作品の展示の仕方である。折り紙で鶴を折ってプレゼントしたときも、すぐさま下に敷く水色の紙を持ってきて、その上に鶴を飾ってくれた。作品をより美しく、上品に見せるコツをよく知っているのである。それだけでなく、心と心の対話ができたようで、私たちの間の雰囲気もガラッと変わった。

　子どもたちにとって、自分の作品が友達の目に触れ、そこから多くの対話が生まれる。そうした経験の積み重ねによって、ものの見方や感じ方を修正し、再構築された評価方法をそれぞれが確立していくことを期待したい。

第14章
障害のある子どもの表現

小島 香苗
平 雅夫

この章では、近年注目を集める「発達障害」に焦点を当てて、保育の上でのポイントや具体的な事例を基に、「障害児の表現」について考察していく。

第1節　発達障害の理解

1　「特殊教育」から「特別支援教育」への転換

　現在「発達障害」のある子どもの数は、児童人口の5％ないしそれ以上と推定され、発生頻度が高い障害でもある。

　発達障害と呼ばれる障害は、身体障害や知的障害と違って、なかなか目に見えにくく誤解を招きやすい障害のため、園や学校の中で理解を得られずに「困った子」とされてしまい、その原因は家庭教育にあると指摘を受けることもたびたびあった。発達障害は、これまで法的にも認知されることなく、定義もあいまいであり、専門家や支援機関も少なかったのである。

　こうした不透明な部分を解消し、発達障害に対する理解の促進と支援を行おうと、国が立ち上がった。文部科学省は「特殊教育」から「特別支援教育」(2003年) へと政策転換を行った。「教育」とはせずに「支援教育」としているのは、教育機関のみならず、福祉・医療などのさまざまな関係機関との連携協力が必要だからとされている。

　特別支援教育は、行政上の障害とされてきた「身体障害」「知的障害」「精神障害」の3障害に加えて、高機能自閉症やアスペルガー症候群、学習障害（LD）、注意欠陥多動性障害（ADHD）などの発達障害にも目を向けられているのが大きな特徴で、特別な支援を要する「個」に対して、それぞれに応じた支援の充実が期待された。

　そして厚生労働省が「発達障害者支援法」を施行したことにより、発

図◆発達障害の特性

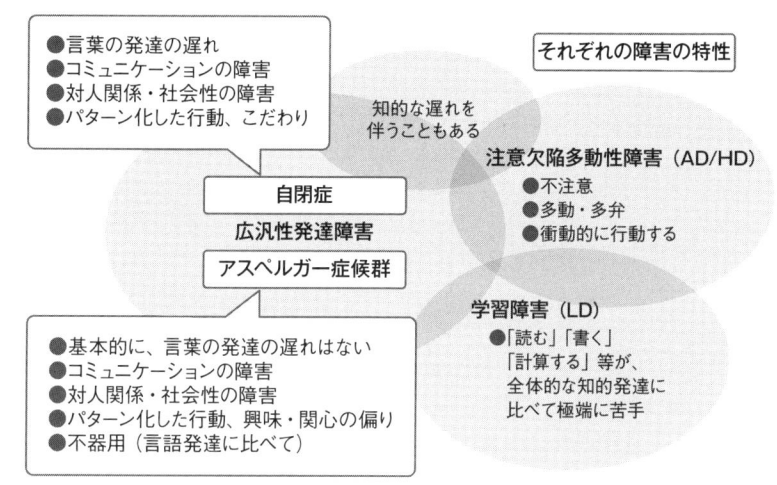

```
●言葉の発達の遅れ
●コミュニケーションの障害
●対人関係・社会性の障害
●パターン化した行動、こだわり
        ↓
      自閉症
   広汎性発達障害
   アスペルガー症候群
        ↑
●基本的に、言葉の発達の遅れはない
●コミュニケーションの障害
●対人関係・社会性の障害
●パターン化した行動、興味・関心の偏り
●不器用（言語発達に比べて）
```

それぞれの障害の特性

知的な遅れを伴うこともある

注意欠陥多動性障害（AD/HD）
●不注意
●多動・多弁
●衝動的に行動する

学習障害（LD）
●「読む」「書く」「計算する」等が、全体的な知的発達に比べて極端に苦手

（出所：厚生労働省「発達障害の理解のために」を基に作成）

達障害者に対しての意識が急速に高まった。これで、特別支援教育の推進によって先行した文部科学省と厚生労働省の足並みがそろい、幼児期から成人期までの一貫した支援が可能となった。

2　発達障害とは

　発達障害は先天性の脳の機能障害で、育て方や環境が原因ではない。その症状は通常、低年齢において発現するものであるといわれている。また、根本的な病理はあまり変化なく終生続くものとされ、薬物療法などで医学的に完全に治癒する方法はないが、個々の問題を知り、それに応じた環境の設定や周囲の対応を改善することで、問題解決への糸口をつかめるとされている。

　しかし発達障害は症状に重なりがあったりすることが多く、判断しがたい障害でもある（上の**図**参照）。保育者は専門家ではないので、不明瞭な自己診断をせず、特別支援教育コーディネーターや園の協力を得ながら、集団生活の中でのコミュニケーション活動や友達とのかかわりな

どの具体的な場面での様子をとらえ、その子にとって良い方向に向かえるような支援策を考えていくことが望ましい。

　昨今、園においても「気になる子」についての対応が課題となっており、その中に発達障害児も含まれるようになってきた。しかし、これまでは小・中学校での取り組みが中心であったため、園での体制作りの確立までには至っていないところが多い。各発達段階において適切な対応を図ることや早期教育の重要性が叫ばれるようになってきている今日、喫緊の課題として、園でも支援体制の強化が望まれている。

(1) 広汎性発達障害

　まず発達障害を知るうえで、広汎性発達障害について押さえておく必要がある。

　広汎性発達障害とは、自閉症や高機能自閉症、アスペルガー症候群など、自閉症に近い特徴を持った発達障害の総称である。これらは、ひとつながりのもので、きちんとどこかで分離できなかったりする。また、幼児期に自閉症の特徴を持っている子でも、成長するにつれてアスペルガー症候群の特徴が目立ってくる場合もあるし、ときおり症状が重なり合ったりして、きちんとした診断名が付けられない場合もある。

　イギリスの精神医学者であり、重度自閉症の娘の母親でもあるローナ・ウィング（Wing, L.）は、広汎性発達障害は自閉症やアスペルガー症候群などという個々の独立したものではなく、広い連続体（スペクトル）の一部としてとらえるものとし、この連続体を「自閉症スペクトラム」と呼ぶことを提唱した。広汎性発達障害と自閉症スペクトラムの違いは「診断基準」であり、共通点は「3つの組」の障害の特性があることである。この「3つの組」の障害は、園の中で発達障害を持つ子に気づくための判断基準として参考にしていただきたい（次ページの**表**参照）。

　自閉症でもアスペルガー症候群でも、この3つの障害があれば、教育や支援の方法に共通点が多い。

表◆「3つの組」の障害

(1) 社会性の障害

- しゃべりたいときにしゃべる
- 場の雰囲気を読めない
- 視線が合いにくい
- マイペースで一方的なかかわり方
- 自分や他人の感情を理解できない
- 「暗黙のルールや了解」が読めない
- パーソナルスペースの欠如（※適切な距離感がわからない）
- 自分のことで精いっぱいで、他に注意が払えなくなる
- 同年齢の子どもとの関係を築くことができない

(2) コミュニケーションの障害

- 相手の話を理解できない
- 一方的で偏った話の内容
- 助詞の誤用
- 会話を継続することが困難
- 独り言
- くどい表現
- 冗談やだじゃれがわからない
- 意志や要求の表出が難しい
- 比喩表現や慣用句が理解できない
- 聴覚・触覚の過敏性（※過度に写実的な擬音語：精巧な鳴きまねや機械音の模倣）
- エコラリア〈オウム返し〉（※言葉を聞いたときから何日もたってからその言葉を別の場面でエコラリアすることを「遅延エコラリア」という）

(3) 想像力の障害

- 一度思い込むと、なかなか修正がきかない
- 新しいことが苦手
- 不測の事態になると混乱し「臨機応変」に対応することができない
- 限局的な興味に入り込む（※決まった範囲の事柄に偏った強い興味）
- 覚えたり集めたり並べたりする遊びが好き（※想像力を人と共有して遊ぶようなごっこ遊びは苦手）
- 常同・反復的な行動（※身体を前後に揺するロッキング、ピョンピョンと飛び跳ねる、手をたたく、激しい貧乏揺すりなど）
- 思考や行動の硬さ（※自分なりの決めごとやこだわりがある）

（出所：〔磯部、2005〕を基に作成）

(2) 学習障害（LD）と注意欠陥多動性障害（ADHD）

　学習障害（LD）は、知的な遅れがないにもかかわらず、「読む」「書く」「計算する」といった分野での障害が見られる。幼児期に発見することは難しいが、小学校に入ると漢字や図形の学習、ノートの取り方あたりで気づいてくる。本人の努力不足を指摘することが多くなりがちなので、二次障害につながらないように配慮が必要である。

注意欠陥多動性障害（AD/HD）は、「不注意」「多動性」「衝動性」という3つの大きな特徴がある。この3つが7歳までの間に、6カ月間以上の長期間で2カ所以上の生活場所で見受けられた場合にAD/HDを疑うことが多い。

　しかしこれらの症状は、活発な子どもであれば誰でもするような行動のため、診断を決定するのが非常に難しい。発達障害かどうかを判断するためには、時間をかける必要がある。園のルールなどをきちんと伝え、それを徐々に守ることができているといった場合は、ゆっくり成長してきたというだけで障害ではないことがある。半年から1年かけてじっくり行動を見たうえで診断しないと、過剰診断になりやすい障害である。

　なお、LDとAD/HDは合併する確率が高いともいわれている。

第2節　発達障害児への対応

　幼児期は、子どもが社会性やコミュニケーション、認知において多くのことを学ぶ時期である。しかし、発達障害児の場合、それらを学ぶことがとても困難なことが多い。早期の発見によって障害の軽症化を図ったり、情動の不安定さや望ましくない言動の過多などの二次障害の発生の予防につなげたりしていきたい。

　発達障害児にとって、園生活を送るメリットは、「集団生活」の中で育つことにあるだろう。しかし多くの刺激や環境の変化がある中、おおぜいの人たちと生活をしていくことは、発達障害児にとっては厳しいことであったりする。周囲とうまくかかわれなくて孤立したり、かえって不安や混乱が増えて、パニックや自傷行為が増えたりすることも想定される。それなのに無理やり集団に溶け込まそうとすると、子どもはよけいに不安と恐怖で疲れ果ててしまう。保育者は、集団の中に打ち解ける環境作りを、ステップバイステップで、その子のペースに配慮しながら

支援していく必要がある。

　障害のある子とない子が一緒に生活をする保育形態を「インクルージョン（統合保育）」と呼ぶが、障害のあるなしにかかわらず、すべての子どもたちの個の発達ニーズに合わせて保育者が支援をするという考え方を持ってほしい。一人ひとりに必要な「かかわり方」を見極めるのも大切な技量となってくる。ややもすると、発達障害児に対してだけ手をかけすぎてしまい、ほかの子どものことがなかなか見えないこともある。周りの子どもたちにも正しい理解を持ってもらい、互いに認め、支え合って育っていく過程を大切にはぐくんでほしい。そのために園としても、園の環境整備や、保育者の正しい知識と理解の会得、保育者の加配などの工夫を試みてもらいたい。

(1) 焦らない・感情的にならない・自己肯定感を高める

　「何度も注意しているのに、どうしてできないんだろう」「なんとか足並みをそろえたい」という思いから、焦る気持ちを抑えきれず、ついつい強くしかったりどなったりと、早くなんとか気持ちを落ち着かせようとするために、よけいに騒然たるものにしてしまうことがある。これらは効果がないことの方が多い。

　発達障害児の指導においては、問題行動にばかり着目しがちであるが、そのとき叱責を指導の名の下にするだけでは、子どもにとっては何の学びもない。また、一斉指導に参加する場面において集団行動を強制しすぎてもいけないし、だからといって集団行動をさせなくてもよいというわけでもない。その子にとって一番適切だと思われる支援、どの場面においてどのような言葉掛けが大事なのかを瞬時に見定める視点が、保育者には必要なのである。

　発達障害は、すぐに改善されるような障害ではない。しかも、同じ注意を何度繰り返しても直らなかったりするため、かかわりを持つうえで保育者にとっても根気がいる。こちらが感情的になればなるほど、子ど

もの問題行動を冷静に状況判断したり改善したりすることから遠ざかっていく。保育者が落ち着いて対応することで、かえってその状況をしっかりととらえ、症状が起こる原因を探ることができるので、そのことによって問題行動を未然に防ぐことが可能となり、むしろ褒める回数も増えてきて、子どもにとっても自信につながっていくこともある。

「～してはいけない」という否定的な言い方ばかりではなく、「～しよう」という肯定的な言い方をしたり、意欲的になれる課題設定を提示したり、少しの成長でも見つけたくさん褒めたりして自己肯定感を高めてあげたい。

(2) 環境の設定

園にある備品や遊具の配置や安全性、子どもの習性を認知したうえで、その子が動くであろうと予想される動線上に的確な活動のしやすさがあるかなどの確認を行う必要がある。また、刺激はできるだけ少ない方がよい。

(3) 指示を明確に

「え～、今日は、お絵かきをします。今から紙粘土を配るので、え～、あっ、みんなはまず座ってね」

このような指示の仕方では混乱を招く。いつ、どこで、何をするのかを、簡単な言葉で順序よく、明確に伝えてあげてほしい。

広汎性発達障害のある子は、表現が少し変わるだけでも理解できない場合がある。例えば「立って」はわかるが、「起立」はわからないなどである。また、「あとちょっとがんばろう」という言い方より、「あと5回やろう」と具体的に伝えた方がよい。

(4) 生活のルーティーンを一定に（視覚と聴覚を使った説明を）

発達障害児は、大幅なスケジュールの変更や環境の急激な変化が苦手

である。また、初めて行く場所や、初めてする行動に不安や苦痛を感じることが多い。あらかじめスケジュールや変更などを、わかりやすい方法で伝えておくとよい。

発達障害児は、視覚的な記憶にたけているので、スケジュールの理解がしやすいカードの利用は効果的である。最初は写真（具体化）で、だんだん慣れてきたら絵（抽象化）に移行していくなどの工夫を試みてもよいだろう。

(5) 先回りをして

特に自閉症スペクトラムの子に見られるのだが、かんしゃくや自傷・他傷行為などは、自分でも整理のつきにくい感情の噴出であり、本人としても早くなんとかしたい不安な気持ちでいっぱいのときに見られる。子どもの特徴がわかっていれば、事前の配慮で、その衝動を未然にとどめることができる場合もある（「長い針が1のところで終わりだよ」と事前に時間の目安を教えるなど）。

特に自傷・他傷行為のある子に関しては、その子だけではなく、ほかの子の安全面での配慮をしっかりと行わなければならない。そのためにも、安定した精神状態でいられるような「事前の言葉掛け」「環境設定」などは大切な配慮となってくる。

第3節　障害のある子どもにとっての表現活動

障害のある子どもに充実した生活を送ることができる機会を提供することは、何よりも重要視されなければならない。子どもの主体的な意欲を大切にし、子ども自身が楽しむ「表現」は、そうした意味で大切な活動であるといえる。

保育内容における「表現」は、「絵画表現」や「音楽リズム」などの

芸術活動という狭義なものではなく、もっと広義な「表現」としてとらえなければならないだろう。すなわち、子どもの基本的欲求である「表現」として広義にとらえながら、保育の中で自由に自己表現することで、障害のある子どもの生活をより豊かなものにすることに視座を据えなければなければならない。

1　幼稚園における実践事例

(1) Aちゃんの実態

　Aちゃんは、2歳時に視線が合わない、言葉の発達が遅いとの理由で医療機関を受診し、広汎性発達障害と診断された。4歳10カ月の段階で新版K式発達検査の発達指数（DQ）は59であり、知的障害を伴っていた。対人的な障害については、人がその場にいないかのように行動し、保育者へ視線を送ることが少なく、積み木、絵本、園庭の遊具など関心のある物にだけに反応していた。また、遊びに誘っても一人遊びになってしまい、やりとりとして成立することはなかった。

　1語文・2語文を話すことがあるが、要求語に限られており、記述的な言語はほとんど見られなかった。また、テレビコマーシャルなどの遅延エコラリアを頻繁につぶやいており、言語は対人的な関係に基づく使用ではなく、個人的な要求を充足させるものに限定している印象を受けた。物の配列やスケジュールにこだわりが強く、保育室内の玩具の配列が変わったり、保育参観や避難訓練時などには大きなパニックとなっていた。

　ほぼ一日中着席せず、動き回っていたが、唯一「絵をかく」際には着席し、一定時間活動に集中することができていた。また、保育者に動物やテレビアニメのキャラクターなどをかいてほしいと要求することも見られた。ただし、自分自身がかいた絵や保育者がかいた絵が自分のイメージと異なると、パニックになることもあった。

(2) 担任保育者の思い

　年長時より担任となったが、年少・年中時と幼稚園全体で常に話題となる子どもであったため、様子を観察する機会が多かった。その際、人への関心の乏しさが強く印象に残っていた。そのため、まず、Aちゃん本人が動機づけられた活動や遊びなどを通じて、保育者とのかかわりを増やすことをねらいとした。Aちゃんは、母親や保育者に絵をかくことを要求することが多いことから、絵画・造形を題材にしてかかわりを増やす活動として取り上げることとした。また、Aちゃん自身がたどたどしいながらもクレヨンで絵をかこうとすることもあり、表現として発展させることもねらいとした。

(3) Aちゃんの保育の様子と保育者のかかわり

　毎朝行われる朝の会の時間に、絵かき歌を取り入れた。絵かき歌を取り入れた理由は、「シンプルな線によって表現できる」「歌によって関心が高まり、聴覚的に記憶する助けとなる」「手順が一定であるため、運動により記憶する助けとなる」ことなどである。

　毎朝繰り返し絵かき歌を取り入れる中で、1カ月後には着席行動が形成され、絵かき歌でかいている間、視線集中がなされ、その後の朝の会にも参加が可能となってきた。

　また、着席行動が形成される時期と同時期に、保育室の黒板に絵かき歌をかく姿が見られるようになり、家庭でも同様の絵をかくようになり、母親から家族中で喜んでいる旨の連絡が入った。

　その後、絵かき歌だけではなく、保育者のかいた絵を模写するようになり、人物画や動物、果物の絵などをかき、着色するようになっていった。Aちゃんは、保育者にかいてもらった絵を模写する中で、徐々にオリジナリティあふれる絵をかくようになってきた。

　夏休みになり、家庭において絵をかく時間が増加していく中で、家族で出かけた水族館の絵をかいた。水面から大ジャンプするイルカ、それ

を見つめる観客など、稚拙ではあったが写真を模写したかのような印象を受ける絵であった。

夏休みが明けて、母親からその絵を見せてもらった保育者が、「水族館楽しかった？」と尋ねると、「楽しかった。また行こうね」と答えてくれた。

その後、Aちゃんは、幼稚園内でも絵をかくことが増え、Aちゃんの絵に関心を示す園児が、Aちゃんの周りで一緒に絵をかくようになった。

園児の発案で、かいた絵を壁面に掲示することにしたが、Aちゃんは、それが動機づけとなったのか、幼稚園の様子、休日に出かけた様子など、あたかも報告行動のように絵をかくようになっていった。掲載した2枚の絵は、家族で出かけた動物園の思い出の絵である。

(4) 事例からの考察

近年、科学研究の飛躍的進歩により発達障害児の認知機能が徐々に解明され、発達障害児の特異な内面世界について言及されることが増えてきた。ここでは、その認知特性を踏まえながらAちゃんの事例について考察する。

1) 安定したスケジュール

Aちゃんの事例では、表現活動のきっかけとして、朝の会で毎日のように絵かき歌を取り入れた様子が報告されている。この安定したスケ

動物園の思い出 (1)　　　　動物園の思い出 (2)

ジュールによって、Aちゃんが活動に注目・参加し、その後の表現活動へとつながるきっかけとなったものと思われる。

　発達障害児の場合、抽象的な概念の理解が困難であることが指摘されている。この認知特性によって、抽象性の高い時間やスケジュールを把握することが困難となり、スケジュールの変更などにパニックを起こすことがある。また、休み時間にトラブルを起こす発達障害児が多いように、具体的に何をしてよいかわからない環境も苦手としている。

　Aちゃんの場合、絵かき歌を毎朝取り入れることで、スケジュールが安定し、具体的な活動が把握できるようになったため、不安や緊張が軽減され、活動に参加しやすくなったと考えられる。

　表現活動も含めて、発達障害児の不安や緊張を軽減できるように環境面への配慮は大切にしなければならない。

2）モデルを十分に示す

　表現は、子どもの主体的な活動であるといえる。そのため、子どもの自発性を優先的に考える傾向にある。しかし、発達障害児の場合、初めから過度に自発性に任せすぎると、子どもはどうしてよいのかわからず、混乱したり依存的になってしまうことがある。これは、行動の見通しや行動のプランをイメージしにくい認知特性からくるものと推察される。すなわち、「絵をかく」にしても、「どのような絵をかきたいのか（行動のゴールを見通す）」「どのような手順で絵をかき進めたらよいのか（行動を計画する）」「どのように絵を修正したらよいのか（行動を修正する）」などがわからないのである。

　保育者がそうした特性の理解をせず、過度に自発性任せにすると、子どもの行動が始発せず、「表現」の機会が十分に得られないことにもなりかねない。

　Aちゃんの場合、絵かき歌など保育者が十分にモデルを示した様子がうかがわれる。Aちゃんにとって、絵かき歌や保育者のかいた絵を模写することによって見通しが明確になり、表現活動へと動機づけられ

たと考えられる。そして、その模倣をきっかけとして、Aちゃんに内包されていたイメージが、自発的な行動として表現されてきたといえる。

3) 段階的に通常の環境へ移行する

表現活動を通じて他者との関係性を構築するなど、ほかの発達を促進するきっかけとして表現活動を立案することがある。Aちゃんの事例にもあるように、表現活動が言語行動などほかの発達を促進する可能性に異論はないが、一方で、表現活動を通じて「対人的なかかわり」や「自己肯定感」を育てるといった壮大なねらいを設定することが妥当かどうかということについては慎重であるべきである。発達障害児の場合、表現活動を通じて、あたかも「対人的なかかわり」や「自己肯定感」が形成されたかのように感じられる場合があるが、特定の場面に限定されていることも多く、般化困難の特性については理解しておく必要がある。

Aちゃんの事例では、表現活動を通じて、園内での保育者とのかかわりという1対1の関係が形成され、その後、表現活動が家庭（保護者）へと般化していく様子が報告されている。そして、対大人のみであったかかわりが対子どもへと進展していく様子もうかがわれる。

ここでは、表現活動によって「対人的なかかわり」が段階的に形成されたと言えるが、Aちゃんの様子を観察しながら、段階的に般化を進めていることに注目すべきである。

(5) 事例のまとめ

Aちゃんのように言語の発達が遅れた場合、自分自身の思いや感情などを表出することが困難であるため、保護者や保育者などが自然と子どもへの表出の期待を喪失してしまい、言語行動を中心に表出を促そうとしなくなる傾向にある。そのため、社会的に受け入れられやすい表現方法を習得することがなくなり、パニックや自己刺激行動といった問題行動として表出してくることもある。

そうした言語表出に困難さがある子どもが、その代替として絵をかく

などの表現活動をとった場合、その内面世界の豊かさに周囲が驚かされることになり、子どもに対してポジティブな態度を形成されることがしばしばある。

このように絵をかくといった表現活動によって、周囲が子どもからのメッセージを受け取り、子どもに対する態度や行動が変容することは決してまれではない。これは、表現が自己の表現欲求を満足させるといった自己完結的な側面のみならず、周囲へ大きな影響を及ぼす力を有していることを意味する。そうした意味で発達障害児とって「表現」活動の意義は大きいといえよう。

2　保育現場での意識改革

表現は、絵をかく、歌を歌う、楽器を奏でる、身体を動かすなど、文字どおり、「表に現れた」行動である。しかし、子どもは、突然絵をかくわけでもないし、歌を歌うわけではない。また、なんらかの充足感が得られなければ、身体を動かしたり、楽器を奏でることを自発的に繰り返すこともない。表現が、子どもにとってなんらかの要求を充足する行動であるからこそ、表現活動を行い、繰り返しているのである。すなわち、表現は、子どもの「表に現れた」行動ではあるが、動機づけなど子どもの内面への洞察およびアプローチが必要となってくる活動なのである。

一方、表現活動が「表に現れた」行動であることは、保護者や園の関係者などの目に触れることになる。そのため、見栄えや完成度が優先され、子どもの内在する表現欲求とは異なる形で表現活動が進んでしまうこともある。すなわち、表現活動のすべてが保育者によって制御されてしまうのである。こうした場合、子どもにとっては、表現活動が与えられた課題を指示されたとおりにこなすだけの活動となり、表現活動を維持するだけの動機が喪失してしまうことになりかねない。

このように、表現における発達障害児の動機づけ一つをとっても、その対応いかんによって、発達障害児の表現が発展するか否かが分かれる

可能性があるわけであり、そこには高い専門性が問われることになる。

　現在は、障害に関する研修会なども頻繁に開催されるようになり、知識やスキルを習得する機会は増えつつある。今後は、こうした研修などを通じて、クラス担任や加配保育士など園全体が、障害に関する専門性を有することがいっそう要請されることになるだろう。

　近年、発達障害の注目により、これまで障害とはみなされず、ちょっと気になる子どもとして把握されていた子どもたちの存在がクローズアップされてきた。そして、障害児は特別な存在ではなく、かなり多く存在することがわかってきた。そうした現代にあって、保育士が「障害のことはよくわかりません」といった認識では済まなくなってきている。特殊教育から特別支援教育へと移行する時代にあって、保育の現場でも大きな意識改革が望まれている。

【引用・参考文献】

ヴィゴツキー／柴田義松ほか訳『障害児発達・教育論集』新読書社、2006年
森孝一『LD・ADHD・高機能自閉症　就学＆学習支援』明治図書、2003年
中根晃『自閉症児の保育・子育て入門』大月書店、1996年
会津力編著『発達障害児の心理学と育児・保育』ブレーン出版、2004年
平山諭『障害児保育』（保育士養成テキスト12）ミネヴァ書房、2008年
梅永雄二ほか『障害児者の教育と生涯発達支援』北樹出版、2007年
山口幸一郎編『LD、ADHD、高機能自閉症への教育的対応』ジアース
　　　教育新社、2004年
内山登紀夫『アスペルガー症候群を知っていますか？』NPO法人東京都
　　　日本自閉症協会、2002年
日本自閉症協会編『自閉症ガイドブック　シリーズ1　乳幼児編』日本自
　　　閉症協会、2005
磯部潮『発達障害かもしれない』光文社新書、2005年

第15章

感性豊かな保育者育成のために

本間 玖美子

子どもたちはその生活の中で、神秘なこと、不思議なことに目をみはり、いつも新鮮で美しく驚きと感動に満ちあふれた世界にいる。美しいもの、心から楽しいと思えるもの、畏敬すべきものなどへの直観力、洞察力は子どもに与えられたすばらしい力である。この好奇心に満ちあふれた感性豊かな子どもたちを保育するには、保育者自身が感性豊かな人間となる努力をすることが求められている。

第1節　感性について

　人間は感性的に納得して初めて、さまざまな行為に自ら進んで立ち向かうものと見られる。知性や理性のうえで納得したかに見えても、感性のうえで納得していなければ、真に自発的な人間の活動は生まれない。それ故、逆に、先に感性的に納得すれば、不十分であった知性や理性上での納得も積極的になされていくことが多い。

1　感性とは何か

　感性、情緒、感覚、感受性、情操、感情などの言葉や概念が、明確に区別されずに使われていることが多いが、これらはどのように区別されるのであろうか。『広辞苑』では次のように区別している。

> **感性**
> ①外界の刺激に応じて感覚・知覚を生じる感覚器官の感受性。
> ②感覚によってよび起され、それに支配される体験内容。従って、感覚に伴う感情や衝動・欲望をも含む。
> ③理性・意志によって制御さるべき感覚的欲望。
>
> **情緒**
> ①折にふれて起るさまざまの感情。情思。また、そのような感情を誘い

起す気分・雰囲気。
②情動に同じ。

感覚
①光・音や、機械的な刺激などを、それぞれに対応する感覚受容器によって受けたとき、通常、経験する心的現象。視覚・聴覚・触覚・味覚・嗅覚などがある。
②物事を感じとらえること。また、その具合。

感受性
①外界の印象を受けいれる能力。物を感じとる力。
②生物体において、環境からの刺激、特に薬剤や病原体により感覚または反応を誘発され得る性質。受容性。感性。

情操
感情のうち、道徳的・芸術的・宗教的など社会的価値を具えた複雑で高次なもの。

感情
①喜怒哀楽や好悪など、物事に感じて起る気持。
②精神の働きを知・情・意に分けた時の情的過程全般を指す。情動・気分・情操などが含まれる。「快い」「美しい」「感じが悪い」などというような、主体の情況や対象に対する態度あるいは価値づけをする心的過程。

　一般的には、理性が能動的であるのに対して、感性は受動的な感受性と理解されているが、感性は決して理性によって統御されるべき感覚的な欲望ではない。
　感性とは、心に感じる力、あるいは感じる心である。人間は、理屈ではわかっていてもなぜそうできないかといえば、心に感じることが違うからである。人間は感じて生きている。感じることを豊かにすれば、それがまた知を豊かにすることになる。

2 感性を豊かにするために

　感性とは、美しさ、命の尊さ、悲しみ、思いやり、愛情、欲情、人情などを指し、自分が生きるために必要な情報や刺激を自ら積極的に求めて感じ取ろうとする能動性をいう。豊かな感受性を軸にして、価値あるものを見いだす感覚や感情であり、知性と相互に働き合って自己実現を目指すものである。

　感性が一方的に押さえ込まれている状態では人間の活動は窒息し、人格は死に瀕するであろう。なぜなら、快・不快、欲求、興味・関心などから美的感性までを含む価値意識としての感性の働きが、人間的活動を生命に満ちたものにさせ、人格の発達と形成にとって重要な役割を担うと考えられるからである。感性は「自分探しの旅の案内役」ともとらえられており、自ら学び自ら考えることによってはぐくまれる。その中での自己発見の喜び、分かち合う喜び、認め合う喜びを体験することで自己実現でき、自分自身の感性を豊かにする。

　また、感性の出発点は感受性である。感受性は、見る・聞く・味わう・かぐ・触るなどの感覚器を使って、感じること、気づくこと、驚くことである。感性を豊かにするためには、感覚器といわれている五感の働きを豊かにすることが必要である。そのためには、多くの外的情報を得て、五感を通して驚き、感動するという多様な体験をすることから始まる。

図１◆感覚について

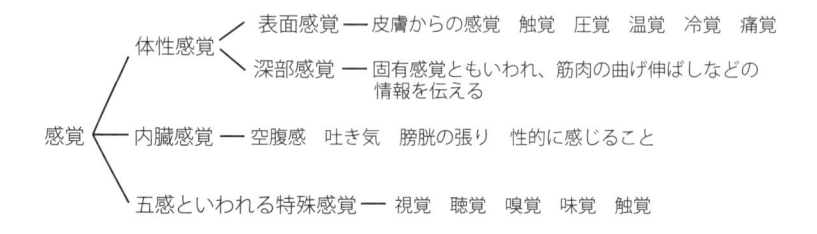

```
                    ┌ 表面感覚 ── 皮膚からの感覚　触覚　圧覚　温覚　冷覚　痛覚
         体性感覚 ──┤
                    └ 深部感覚 ── 固有感覚ともいわれ、筋肉の曲げ伸ばしなどの
                                   情報を伝える
感覚 ──┼ 内臓感覚 ── 空腹感　吐き気　膀胱の張り　性的に感じること
         │
         └ 五感といわれる特殊感覚 ── 視覚　聴覚　嗅覚　味覚　触覚
```

人間の感覚は、体性感覚、内臓感覚、五感といわれる特殊感覚から成る（図1参照）。生きている基盤となるものは感性であり、感覚が生きて働くときに、身体も心も活性化される。

第2節　感性をはぐくむ「自然体験」

1　自然体験

　自然は、多種多様な情報を同時に発信している。そこでの体験は子ども時代のみならず、大人である私たちにとっても重要な体験である。

　自然体験は、豊かな人生を送るうえで必要な能力、例えば創造性、適応性、選択性、柔軟性、想像性、判断力、瞬発力、持久力などの体得が挙げられる。厳しい自然の中でのさまざまな体験活動を通して、耐える力を身につけ、直接体験によって活力と能動性を高め、行動力を養う。自然の中で危険を回避するための知識・技術の習得を図り、旺盛な成長欲求、自立性、自尊感情の確立が見られる。また、自然の中での仲間との体験から、協調性、思いやり、いたわりなどもはぐくまれる。

2　自然体験の教育的効果

　感性をはぐくむ一つの要因である自然体験活動は、次のような教育的効果を持つ。

　①自然に対する鋭敏な感覚（五感による対象の情報化能力）を育てる。
　②自然への興味・関心・意欲を広げ、その美しさ、大きさ、不思議、恩、恐ろしさを感じ取る。
　③自然への豊かなイメージ（想像・発想・アイディア）を描く。
　④自然事象についての問題解決の能力および技能（問題発見・予想・観察・実践・データ処理・結論・応用）を育てる。

⑤自然現象についての具体的で科学的な見方や考え方を持つ。
⑥自然に触れ、気分転換したり、身体を鍛えたり、健康を維持したり、自然への接し方を学ぶ。
⑦自然の中での安全な行動の仕方、集団での行動の仕方などを学ぶ。

このような教育的効果からも、自然体験は感性を豊かにする活動としてとらえることができる。

3　表現活動と自然

人間は自然とともに、自然とつきあいながら生きてきた。その自然はさまざまな相貌を示し、さまざまな意味を持っている。人は自然という言葉から自分なりのイメージを持つのではないだろうか。すでに自然体験は感性を豊かにするうえで重要であることは述べた。このような自然事象を対象とした感性豊かな表現活動について考える。

造形表現活動、音楽表現活動、身体表現活動の3つの表現活動において、自然体験、自然現象をどのようにかかわらせることができるのであろうか。

(1) 造形表現と自然

造形表現活動では、視覚を主にして触覚を用いる図画工作としての表現活動があり、感覚器への刺激が認められる。自然事象の一つである「木」や「木の葉」を見る、触ることで、造形表現への積極的活動を進めることができる。「木」や「木の葉」を描くこと、創作することは実体験からのイメージを膨らませることで有効である。ただ、年齢を重ねるごとにその作品は大きく変化するが、それは人間の成長・発達によるものである。そこで、感性と造形表現活動の発達的特長について示す。

　0歳から …………　生理的・感覚的感性と未分化な表現活動。
　2歳半ばころから …　感性と造形表現活動の分化（発生ととらえる）。
　7歳ころから ………　感性と造形表現活動の独立（成立ととらえる）。

11 歳ころから　……　美的感性と芸術的表現活動の分化。
18 歳ころから　……　美的感性と芸術的表現活動の独立。

　このような発達特徴を見る造形表現活動であるが、自然物、自然事象は、その対象として大きくかかわるものである。

（2）音楽表現と自然

　音楽表現活動では、聴覚を中心に触覚を用いる合唱、器楽演奏などの表現活動があり、感覚器への刺激が認められる。ここでは、自然現象の一つであり、聴覚を刺激し、より実感を持ちやすい「水」と音楽表現活動について述べる。

　自然の中での「水」は、雨、川、海など異なるものへの想像を膨らませることができる。また、これら想像したものを音で表現する場合、さまざまな楽器を用いることで表現内容が異なり、個々人の個性あふれる創造表現活動になる。音楽を楽しんで聞くことも大切であるが、自然の音から想像して新しい音を創造する表現活動は、大きな意味のあることである。

　音楽表現活動での特徴は、音に合わせて自然と身体も動きだすことである。日常生活の中で心地良い音を、あるいは音楽のリズムを聞くと、自然とそのリズムに乗って身体の一部を動かしていることに気づく人は多い。このように音楽表現活動は、意識するしないにかかわらず、表現活動を行っているととらえることができる。

（3）身体表現と自然

　体育での身体表現活動は、保育者自身の活動主体として身体がある。もともと自然の中では、人間も自然の一部ととらえられており、人と人とのかかわりも、直接的体験であれば自然体験ととらえることができるのである。

　身体表現では多く自然事象のとのかかわりにおいて、表現活動を実践

できる。例えば、音楽表現活動で取り上げた「水」の、雨、川、海についての身体表現はイメージしやすく、創作においてもさまざまな変化が期待できる。身体表現では色彩や空間についての想像と創造、音についての想像と創造など、ここに挙げる3つの表現活動の統合されたものであるともいえる。

　感性をはぐくむ自然・自然体験と、保育者養成課程の3教科である図画工作（造形表現）、音楽（音楽表現）、体育（身体表現）は大きくかかわりを持つといえる。自然の中での体験を基に、その事象から3つの表現活動がより意図的・計画的に目的を持って実行されることは、感性豊かな保育者の育成に役立つと考える。

第3節　保育者の感性をはぐくむために

1　保育者の感性

　人間の本質・特徴を探るものとして、古くからある言葉に、
　　ホモ・サピエンス（知恵のある人、主知主義的人間）
　　ホモ・ルーデンス（遊びをする人、遊戯人）
　　ホモ・ファーベル（工作する人）
　　ホモ・パティエンス（病める人、病める存在）
がある。人間が人間として一番尊いのは、これら人間の本質的能力を総合的に駆使して人のために働くことである。保育者の感性は、まさにこの本質をもってして子どもの保育のために働くことで、感性をより豊かにできる。

　保育者の感性をはぐくむためには、感じる、表す、共感するなどの表現活動によって、人間の本質的能力を総合的に駆使し、五感を通して感じることの重要性と、知性と感性の相互の働きから、保育者としての自

分自身を知ることであり、自己実現を目指すことに尽きる。

2　感性をはぐくむ図画工作・音楽・体育の総合表現活動

　保育士養成校には、資質の高い保育士の養成が求められている。資質の高い保育士の育成は、多くの専門知識をはじめ、個人的体験・経験の要因によるところが大きい。しかし、感性豊かな保育士の育成は、資質の高い保育士養成への第一歩ではないだろうか。感性豊かな子どもをはぐくむためには、感性豊かな保育士の存在が必要である。保育士への具体的な感性教育活動として、図画工作・音楽・体育の各教科の総合的表現活動を実施することは、大いに意義あることである。

　感性をはぐくむための総合芸術というと、個々の芸術を総合した大規模な統一芸術のことで、音楽と詩文と演劇とを総合した映画や楽劇のたぐいをいう。一般的には、ワグナーが提唱した総合芸術作品としてのオペラなど、音楽、言葉、舞台の各要素が劇的内容の表現のために一つに結ばれているとするものである。

　このような総合芸術活動を望むところであるが、保育士養成校での教育カリキュラムの中では、3教科を統合して実施するには至っていない。3教科（図・音・体）の特性を生かす特別行事としての総合表現活動の事例を、感性教育の実験的実践として以下に紹介する（**図2**参照）。

　体育の身体表現活動においては、保育者自身が五感を十分に活用する活動主体として身体がある。そこでは、総合的表現活動における体育的活動は 礎（いしずえ）としての活動であり、基盤となるものである。ここでは身体での触れ合いを中心に、それぞれの教科内容が相互にかかわり合いながら、触覚、視覚、聴覚など感覚器への刺激を多く受け止め、活動するのである。

　総合的表現活動は、日ごろの学びの中での知識・経験・体験を基に、保育者としての教養と実践力を養い、自己実現するための発表会である。ここでは、多くの学生とのかかわりに始まり、各担当分野の作品を完成

図2◆3教科の総合表現活動の模式図

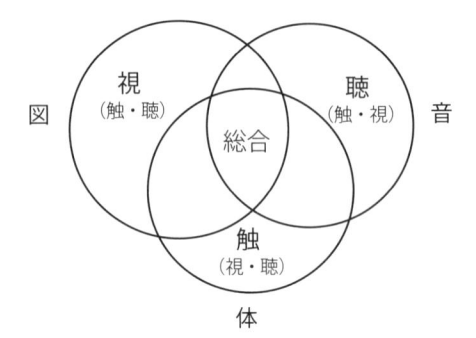

体育は身体全身を使っての表現活動であり、自分の身体を通して周りの世界をとらえている。それゆえ、3つの教科の基盤となるものである（五感の中で、最も重要な感覚は触覚である）。

させるための想像活動、創作活動そして練習の繰り返しが行われる。この活動を通して、コミュニケーション能力、意欲的な創作活動、積極的な練習など、多くのことを感覚器でとらえ、生き生きとした活動が展開される。感覚が活発に働くことで豊かな感性が生まれる。

この発表会体験的学習では、学生自身の充実感、達成感、友人とのコミュニケーション、子どもとのかかわり方など多くのことが得られるばかりでなく、保護者からの発表会継続の希望、親と一緒に鑑賞する機会の希望、出張劇の希望などに見られるように、近隣地域と一体化した発表会となったことは意義あるものである。

さらに求めるならば、発表会に参加した子どもの表情から、子どもたちの心と身体に表現活動がどのようにかかわるか、子どもたちの感性ははぐくまれたかの検証もできると望ましい。

3　総合表現活動の実践事例

学科特別行事「まみむめめじろ　かきくけこども」（以下「まみむめめじろ」）は、学生の自主的・自発的な総合表現活動である。学科における教育課程には含まれず、特別行事として実施するものである。ここでは全員参加を目指し、学年一体となってそれぞれの得意分野での活動を

進める。

1）図画工作での取り組み

図画工作（造形表現）の担当学生は、学科特別行事「まみむめめじろ」発表会の劇テーマ「オズの魔法使い」に沿って、大道具、小道具、照明、衣装制作、会場の装飾演出などに携わり、下の写真に示すような創作作品を制作した。

2）音楽での取り組み

音楽（音楽表現）担当の学生は「まみむめめじろ」発表会で、手遊び、歌遊びのほかに、劇テーマ「オズの魔法使い」のテーマソングの創作、効果音の演奏に携わった。効果音演奏のための楽器は、参加した会

小道具 　　　　　　　大道具

会場の装飾 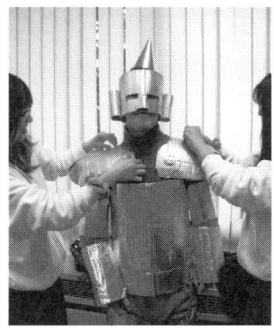　　　　　　衣装

第15章◆感性豊かな保育者育成のために　225

場の子どもたちの好奇心を誘った。

演奏した楽器は、ハーモニックパイプ、鉄琴、ツリーチャイム、大太鼓、鈴、タンバリン、マラカス、カスタネットなどである。

3) 体育での取り組み

体育（身体表現）担当の学生は、劇「オズの魔法使い」の演出において「バイキンマン」になりきり、リズムダンスを演じた。

音楽マリンバの楽器演奏

リズムダンスを演じる

4　感性豊かな保育者の育成

　感性豊かな保育者の育成、言い換えれば人間性豊かな教育とは、「知・情・意」、あるいは「知・徳・体」、または「心身の調和的発達の教育」以外の何物でもない。しかし、教育において、古くから言い伝えられている「知・徳・体」は、いまや「知・徳・体・音・美・食」と表現すべきではないだろうか。特に、感性豊かな保育者をはぐくむうえでは「知・徳・体・音・美・食」を一人ひとりが真剣にとらえる必要がある。

　感性豊かな保育者は、感覚が生き生きと働く人間である。人間は大人も子どもも「感動するから動く・行動する」のである。人は感じて生きているのであり、生きている基盤となるものは感性であることを理解できたであろう。

　知識の上に成り立つ保育、徳育の上に成り立つ保育、体育的活動の上

に成り立つ保育、音楽的活動の上に成り立つ保育、美術的活動の上に成り立つ保育、食育的活動の上に成り立つ保育を保育者自身が受け止め、学び実践することに大きな意義がある。そこに感性豊かな保育者がはぐくまれる。

以上をまとめると、次のようになる。

人間の感覚が生きて働く活動はイキイキと元気である。
↓
感覚が働くと表現が生まれる…表現は生きる力となる。
↓
表現する力は感性から生まれる…感性を豊かにしよう…一日一感
↓
自然との触れ合いを生活の中で習慣化することが大切である。

【引用・参考文献】

飴屋善敏『子どもたちのやさしさと創造力を育てる』芸術現代社、1988年
桶谷弘美ほか『「音楽表現」の理論と実際』音楽之友社、1997年
梅澤啓一『感性と造形表現―その発達のメカニズム』晃洋書房、2003年
小島律子ほか編『音楽による表現の教育―抽象から創造へ』晃洋書房、1998年
石川佾男ほか『感性豊かな子どもを育てる　道徳教育の創造』文教書院、1997年
丸山尚子編著『子どもの生きる力は手で育つ』黎明書房、2008年
雪吹誠・本間玖美子ほか「目白大学における図画工作・音楽・体育の教科統合の実践について」『目白大学高等教育研究』第15号、2009年
レイチェル・カーソン／上遠恵子訳『センス・オブ・ワンダー』新潮社、1999年

◆──【監修者紹介】
谷田貝 公昭（やたがい・まさあき）
　目白大学名誉教授
　[主な著書]『年中行事のお話55─行事の前に読み聞かせ』（監修、チャイルド本社、2009年）、『生活の自立 Hand Book─排せつ・食事・睡眠・着脱・清潔』（監修、学研、2009年）、『保育用語辞典』（監修、一藝社、2006年）　ほか多数

◆──【編著者紹介】
おかもと みわこ ［第4章］
　目白大学人間学部教授
　[主な著書]『ここにいるよ』（一藝社、2008年）、『子どもと文化』（共著、一藝社、2010年）　ほか多数
大沢 裕（おおさわ・ひろし）［第1章］
　帝京科学大学こども学部教授
　[主な著書]『図解子ども事典』（共著、一藝社、2004年）、『保育用語辞典』（共編著、一藝社、2006年）、『子どもと保育』（共著、一藝社、2009年）　ほか多数

◆──【執筆者紹介】

相澤 久徳（あいざわ・ひさのり）［第8章・第11章］
　目白大学人間学部子ども学科非常勤講師

生駒 恭子（いこま・きょうこ）［第9章］
　学校法人宝徳学園ほうとく幼稚園副園長

石田 敏和（いしだ・としかず）［第6章］
　福島学院大学短期大学部保育科第一部准教授

北角 きよ子（きたずみ・きよこ）［第12章第1節］
　東京都豊島区立長崎小学校教諭

小島 香苗（こじま・かなえ）［第7章・第14章］
　立教小学校教諭

鈴木 美樹（すずき・みき）［第10章］
　福島学院大学短期大学部保育科講師

平 雅夫（たいら・まさお）［第14章］
　社会福祉法人トポスの会施設長、星槎大学共生科学部非常勤講師

堀田 和子（ほった・かずこ）［第12章第2節］
　モンテッソーリすみれが丘子どもの家園長、NPO法人東京モンテッソーリ教育
　　研究所付属教員養成コース主任

本間 玖美子（ほんま・くみこ）［第15章］
　目白大学人間学部教授

牧野 由理（まきの・ゆり）［第5章］
　東京都市大学人間科学部助教

山村 達夫（やまむら・たつお）［第3章・第13章］
　学校法人金子学園まこと幼稚園園長、福島学院大学福祉心理学部非常勤講師

渡邊 晃一（わたなべ・こういち）［第2章］
　福島大学人間発達文化学類教授

（五十音順、［　］は担当章）

◆──【執筆者紹介】

相澤 久徳（あいざわ・ひさのり）［第8章・第11章］
　目白大学人間学部子ども学科非常勤講師

生駒 恭子（いこま・きょうこ）［第9章］
　学校法人宝徳学園ほうとく幼稚園副園長

石田 敏和（いしだ・としかず）［第6章］
　福島学院大学短期大学部保育科第一部准教授

北角 きよ子（きたずみ・きよこ）［第12章第1節］
　東京都豊島区立長崎小学校教諭

小島 香苗（こじま・かなえ）［第7章・第14章］
　立教小学校教諭

鈴木 美樹（すずき・みき）［第10章］
　福島学院大学短期大学部保育科講師

平 雅夫（たいら・まさお）［第14章］
　社会福祉法人トポスの会施設長、星槎大学共生科学部非常勤講師

堀田 和子（ほった・かずこ）［第12章第2節］
　モンテッソーリすみれが丘子どもの家園長、NPO法人東京モンテッソーリ教育
　　研究所付属教員養成コース主任

本間 玖美子（ほんま・くみこ）［第15章］
　目白大学人間学部教授

牧野 由理（まきの・ゆり）［第5章］
　東京都市大学人間科学部助教

山村 達夫（やまむら・たつお）［第3章・第13章］
　学校法人金子学園まこと幼稚園園長、福島学院大学福祉心理学部非常勤講師

渡邊 晃一（わたなべ・こういち）［第2章］
　福島大学人間発達文化学類教授

（五十音順、［　］は担当章）

新・保育内容シリーズ 6
造形表現

2010年5月25日　初版第1刷発行
2015年3月10日　初版第2刷発行

監修者　谷田貝公昭
編著者　おかもとみわこ・大沢 裕
発行者　菊池公男

発行所　株式会社 一藝社
〒160-0014　東京都新宿区内藤町1-6
Tel. 03-5312-8890　Fax. 03-5312-8895
E-mail : info@ichigeisha.co.jp
HP : http//www.ichigeisha.co.jp
振替　東京 00180-5-350802
印刷・製本　シナノ書籍印刷株式会社

©Masaaki Yatagai 2010 Printed in Japan
ISBN 978-4-86359-019-9
乱丁・落丁本はお取り替えいたします

一藝社の本

新・保育内容シリーズ ［全6巻］
谷田貝公昭◆監修

《新しい「幼稚園教育要領」「保育所保育指針」に対応した新シリーズ》

1 健康
高橋弥生・嶋﨑博嗣◆編著

A5判　並製　248頁　定価（本体2,000円＋税）　ISBN 978-4-86359-014-4

2 人間関係
塚本美知子・大沢 裕◆編著

A5判　並製　240頁　定価（本体2,000円＋税）　ISBN 978-4-86359-015-1

3 環境
嶋﨑博嗣・小櫃智子・照屋建太◆編著

A5判　並製　232頁　定価（本体2,000円＋税）　ISBN 978-4-86359-016-8

4 言葉
中野由美子・神戸洋子◆編著

A5判　並製　248頁　定価（本体2,000円＋税）　ISBN 978-4-86359-017-5

5 音楽表現
三森桂子◆編著

A5判　並製　256頁　定価（本体2,000円＋税）　ISBN 978-4-86359-018-2

6 造形表現
おかもとみわこ・大沢 裕◆編著

A5判　並製　232頁　定価（本体2,000円＋税）　ISBN 978-4-86359-019-9

ご注文は最寄りの書店または小社営業部まで。小社ホームページからもご注文いただけます。